MIT SYSTEM ZU GUTEM STIL

Endlich Ordnung im Kleiderschrank

MIT SYSTEM ZU GUTEM STIL

Endlich Ordnung im Kleiderschrank

Elika Gibbs

Fotos von Polly Wreford

BUSSECOLLECTION

Originalausgabe „PRACTICAL PRINCESS perfect wardrobe"
2011 erschienen bei Ryland Peters & Small,
20-21 Jockey's Fields
London WC1R 4BW
Text copyright © Elika Gibbs 2011
Design und Fotos copyright © Ryland Peters & Small 2011
All rights reserved.

Deutsche Ausgabe:
© Busse Verlag GmbH, Bielefeld 2012
Übersetzung: Wiebke Krabbe, Damlos
Satz: L&L Fotosatz GmbH, Hiddenhausen
Gedruckt in China
ISBN 978-3-512-04006-1

contents

Vorwort

In diesem Buch möchte ich Ihnen das Practical Princess-Prinzip vorstellen, das sich bei meiner Arbeit täglich – und seit Jahren – bewährt. Ich arbeite mit zahllosen Klienten, auf deren vielfältige und ganz unterschiedliche Bedürfnisse ich mich gern einstelle. Manche brauchen nur Unterstützung bei der Neuorganisation ihres Kleiderschranks, andere wünschen sich ein Rundum-Programm aus Bestandsaufnahme, Organisation und Einkauf. Ich bin gewiss keine Fashionista, aber ich durfte mit vielen Ikonen der Modewelt zusammenarbeiten. Alle waren mit meinem einfachen und einzigartigen Prinzip zufrieden, weil es ihnen half, wieder den Überblick über ihre enorme Garderobe zu bekommen.
Darum möchte ich dieses Prinzip nun auf den folgenden Seiten vorstellen und damit jede Frau unterstützen, die Klarheit in ihren Kleiderschrank bringen möchte, um den Spaß am Anziehen wieder zu genießen.

Die Practical Princess Story

Die Entstehung und Entwicklung von Practical Princess habe ich anfangs gar nicht bemerkt. Es war keine Firmengründung im konventionellen Sinn. Ich hatte weder eine Vision noch ein Geschäftskonzept. Und doch … aber lesen Sie selbst.

Als ich Ende Zwanzig war, eröffnete ich mit meiner Geschäftspartnerin Arabella Bodie im Londoner Stadtteil Knightsbridge ein Verleihgeschäft für Designer- und Abendmode. Wir wollten unseren Kundinnen die Möglichkeit bieten, sich für einen Abend ein hinreißendes Kleid auszuleihen, statt Unsummen für ein Modell auszugeben, das man vielleicht nur einmal anzieht. Wir hatten fantastische Modelle von Designern wie Bruce Oldfield, Amanda Wakeley, Jenny Packham und Vera Wang im Angebot. Die Kundinnen konnten auch Schmuck, Schuhe, Handtaschen und Pashminas ausleihen – alles in einem Laden.

Außerdem verkauften wir die echten „Magic Knickers". Arabella und ich hatten sie auf einer Messe in Europa entdeckt, wo sie als Neuheit vorgestellt wurden, und sie waren der absolute Hit. Zeitweise war die Nachfrage so groß, dass wir bis in die Nacht beschäftigt waren, um hunderte von Höschen für den weltweiten Versand zu verpacken.

Der Laden lief einige Jahre gut, doch dann bahnten sich Veränderungen an. Arabella heiratete, und ich – oops! – wurde schwanger. Mein Leben veränderte sich drastisch, als Arabella aus dem Laden ausstieg und ich alleinerziehende Mutter wurde. Das Gehalt, das ich mir aus dem Gewinn des Geschäftes zahlen konnte, reichte für mich und das Baby nicht aus. Also musste ich eine neue Einkommensquelle auftun.

Vielleicht war es Glück, vielleicht Schicksal oder einfach der richtige Moment: Eine erfolgreiche, vielbeschäftigte Geschäftsfrau bat mich, ihren Haushalt neu zu organisieren und umzustrukturieren. Ich zögerte zuerst, weil ich in diesem Bereich weder Ausbildung noch Qualifikation vorweisen konnte. Aber sie traute es mir zu, und ich konnte die zusätzliche Einnahme gut gebrauchen. Den Laden führte ich weiterhin, aber parallel verbrachte ich die nächsten Jahre jeweils einen Tag pro Woche bei ihr, um System in alle Ecken und Winkel zu bringen: von den Küchen-

schränken bis zum Kleiderschrank. Ich half, Angestellte auszusuchen und auszu-
bilden, und ich kaufte alles Mögliche ein – von Bettwäsche bis Jeans. Was anlag,
wurde prompt erledigt.

Damals konzentrierte ich mich hauptsächlich auf Bodie & Gibbs. Mit den Jahren
hatte sich zu einigen Kundinnen, die ich regelmäßig für Partys und Events aus-
stattete, eine tolle Beziehung entwickelt. Ich überschritt immer wieder Grenzen
und ermutigte sie, eingetretene Pfade zu verlassen und etwas Neues auszupro-
bieren. Es machte mich stolz, dass sie mich auch in Sachen Alltagskleidung um
Rat fragten, und so begann ich mit dem Personal Shopping.
Nicht alle Shopping-Berater sehen sich den Kleiderschrank ihrer Kunden an, ehe
sie einkaufen gehen. Mir erschien es nur logisch, erst einmal zu sehen, was sie

schon hatten und was fehlte. Oft war ich entsetzt darüber, wie die Damen ihre Kleidung aufbewahrten. Kein Wunder, dass Sie Probleme mit dem Anziehen hatten. Aber mir war klar, dass diese Frauen keineswegs so trendresistent und hoffnungslos waren, wie sie selbst dachten.

In den Tiefen vieler Schränke entdeckte ich fantastische Stücke, die einfach nicht benutzt wurden. Ich erkannte, dass ich meine Kundinnen erst beraten oder mit ihnen einkaufen konnte, wenn ich „Schrank-Klarheit" geschaffen hatte. Damals begann die Entwicklung meines Prinzips. Ich wollte niemandem zu nahe treten, aber die Klientinnen mussten alle Stücke anprobieren. Nur so ließ sich herausfinden, was ihnen stand und was nicht. Indem wir ihre Bestände umorganisierten und neu einräumten, konnten wir feststellen, welche Lücken beim Einkauf gefüllt werden mussten. Ich glaube, damals gewann Practical Princess langsam an Profil. Durch Mundpropaganda wurde ich bekannter, bald wurde ich auch für private und geschäftliche Umzüge gebucht. Zum Glück halfen mir die Erfahrungen, die ich durch den Laden und die verschiedenen Bedürfnisse meiner Kunden gewonnen hatte, diese Herausforderungen zu meistern. Obwohl ich vor dem nächsten Schritt Angst hatte – immerhin musste ich mich und meine kleine Tochter ernähren – gab ich das Geschäft schließlich auf und konzentrierte mich ganz darauf, Practical Princess zu meinem Hauptberuf zu machen.

Das war vor fünf Jahren. Natürlich gab es Höhen und Tiefen, Tränen und Gelächter, aber das Geschäft hat sich gut entwickelt, und heute beschäftige ich mehrere „Prinzessinnen", die eigene Teams führen. Ich habe eine eigene Produktserie auf den Markt gebracht und ein Aufbewahrungszentrum eröffnet, in dem Klienten Kleidungsstücke einlagern können, die gerade nicht Saison haben oder von denen sie sich nicht trennen mögen. Manchmal frage ich mich, ob ich wohl den Mut zu diesem Unternehmen gehabt hätte, wenn ich nicht in finanziellen Nöten gesteckt hätte. Natürlich hatte ich Angst, aber ich hatte gar keine Zeit, darüber nachzudenken, was wohl wäre, wenn es schief ginge. Dafür bin ich heute dankbar.

Ich bin froh, einen Beruf zu haben, der mir Freude macht. Die verschiedenen Herausforderungen, denen ich täglich begegne, sind niemals langweilig. Ich habe viele interessante Leute kennen gelernt, die mich weiter gebracht haben. Immer wieder stehe ich vor neuen Aufgaben. Eine davon ist auch dieses Buch. Ein bisschen Angst hatte ich, aber letztlich konnte ich der Herausforderung nicht widerstehen.

Bestands-
aufnahme

Passt Ihr Kleiderschrank zu Ihrem Leben?

Jeder Practical Princess-Einsatz beginnt mit einem Gespräch, in dem ich meine Klientin in ihrer eigenen Umgebung kennen lerne. Das ist wichtig, damit ich ein klares Bild von ihr gewinne und beim Sichten ihrer Garderobe erkennen kann, ob ihre Kleidung zu ihrem Leben passt. Ich bitte meine Kundin, ein bisschen von sich zu erzählen, und flechte diskret Fragen ein, um zu erfahren, was ich für eine gute Beratung wissen muss. Diese Fragen sollten Sie sich selbst beantworten:

• Sind Sie berufstätig?
• Wie verbringen Sie den Tag?
• Sind Sie solo oder leben Sie mit jemandem zusammen?
• Haben Sie Kinder?
• Wie sieht Ihr soziales Leben aus?
• Stehen demnächst besondere Events an?
• Haben Sie Hobbys oder besondere Interessen?
• Verreisen Sie regelmäßig?
• Sind Sie mit Ihrem Gewicht zufrieden, fühlen Sie sich insgesamt wohl?
• Hat es kürzlich grundlegende Veränderungen in Ihrem Leben gegeben?
• Wo leben Sie, wie ist das Klima dort?

Anhand dieser Fragen können Sie leichter beurteilen, wie gut ihr Kleiderschrankinhalt zu Ihrem Leben passt. Ich will Ihnen ein Beispiel geben. Aber bitte identifizieren Sie sich nicht mit der Person, denn es dient nur dazu, die Bedeutung dieser Fragen zu veranschaulichen.

Eine meiner Klientinnen war Mitte Vierzig, kinderlos und von einem gut verdienenden Banker geschieden. Sie steckte in einer Krise. In ihrem bisherigen Leben musste sie Kleider und Kostüme tragen, in denen sie sich, wie sie es formuliert, „wie die Mutter der Braut" fühlte. Als ich sie kennen lernte, sah ihr Leben ganz anders aus. Sie war im Begriff, wieder in den Beruf einzusteigen – in einer Branche ohne starren Dress-Code. In den letzten Jahren als Single

hatte sie eine Schwäche für jüngere Männer entwickelt und dadurch die Freude an der Wildkatzen-Facette ihrer Persönlichkeit entdeckt. Die Freizeit verbrachte sie aber nach wie vor meist mit der Familie, die von ihr Anpassung erwartete. Ihr Selbstwertgefühl war am Boden, sie brauchte dringend Hilfe. Sie hatte ihr Stilgefühl und ihr Selbstbild verloren und wusste morgens nicht, was sie anziehen sollte.

Als ich in ihren Kleiderschrank schaute, sah ich, dass ihr altes und ihr neues Leben ineinander verknotet waren. Neben dem normalen Kleiderchaos, das ich gut kenne, gab es einen psychologischen Aspekt: Sie hatte ihr altes Leben noch nicht losgelassen.

Als wir ihre Garderobe Stück für Stück durchgingen, erkannte sie, dass mehr als die Hälfte in ihrem jetzigen Leben keine Rolle mehr spielte. Sie strahle, als ihr klar wurde, dass es ihr nicht an Stilgefühl mangelte, sondern dass sie sich einfach verändert hatte. Dadurch fand sie den Mut, den nächsten Schritt in Angriff zu nehmen. Erstaunlich viele Menschen erkennen nicht, in welchem Maße ihre Kleidung sie an eine Identität bindet, die der Vergangenheit angehört.

Anprobieren

Eine gründliche Bestandsaufnahme dauert erstaunlich lange. Versuchen Sie lieber gar nicht erst, alles an einem Samstagmorgen abzuhaken. Nehmen Sie sich reichlich Zeit, zum Beispiel ein ganzes Wochenende, oder zerlegen Sie die Aktion in mundgerechte Portionen: heute Abend alle Röcke, morgen alle Hosen.

SCHRITT FÜR SCHRITT

Wer versucht, den gesamten Kleiderschrankinhalt in einem Aufwasch anzuprobieren, ist schnell überfordert und gibt auf. Ich habe festgestellt, dass sich meine Kundinnen besser konzentrieren können, wenn wir uns jeweils auf einen bestimmten Typ von Kleidungsstück beschränken. Es ist viel einfacher, Stil und Passform zu beurteilen und zu vergleichen, wenn man Stücke gleichen Typs nacheinander anprobiert. Dadurch gewinnen meine Kundinnen Sicherheit, und können später allein fortfahren. Gehen Sie ebenso vor, dann wird es Ihnen leichter fallen zu entscheiden, was Sie behalten wollen und wovon sie sich trennen.

Noch sinnvoller ist es, Unterkategorien festzulegen. Wenn Sie sich beispielsweise die Hosen vornehmen, sortieren Sie zuerst nach Jeans, Cargohosen, formellen Modellen und so weiter. So erkennen Sie schnell, von welchem Typ Sie ähnliche Modelle besitzen und welche am besten passt.

Nehmen wir an, Sie haben fünf schwarze Hosen, aber einige haben Sie lange – oder sehr lange – nicht getragen. Viele meiner Kundinnen hängen an Hosen, weil sie sie für zeitlos halten. Dabei kommen sie schneller aus der Mode als andere Kleidungsstücke. Darum ist es so wichtig, wirklich alles anzuprobieren und in einem großen Spiegel in aller Ruhe zu begutachten.

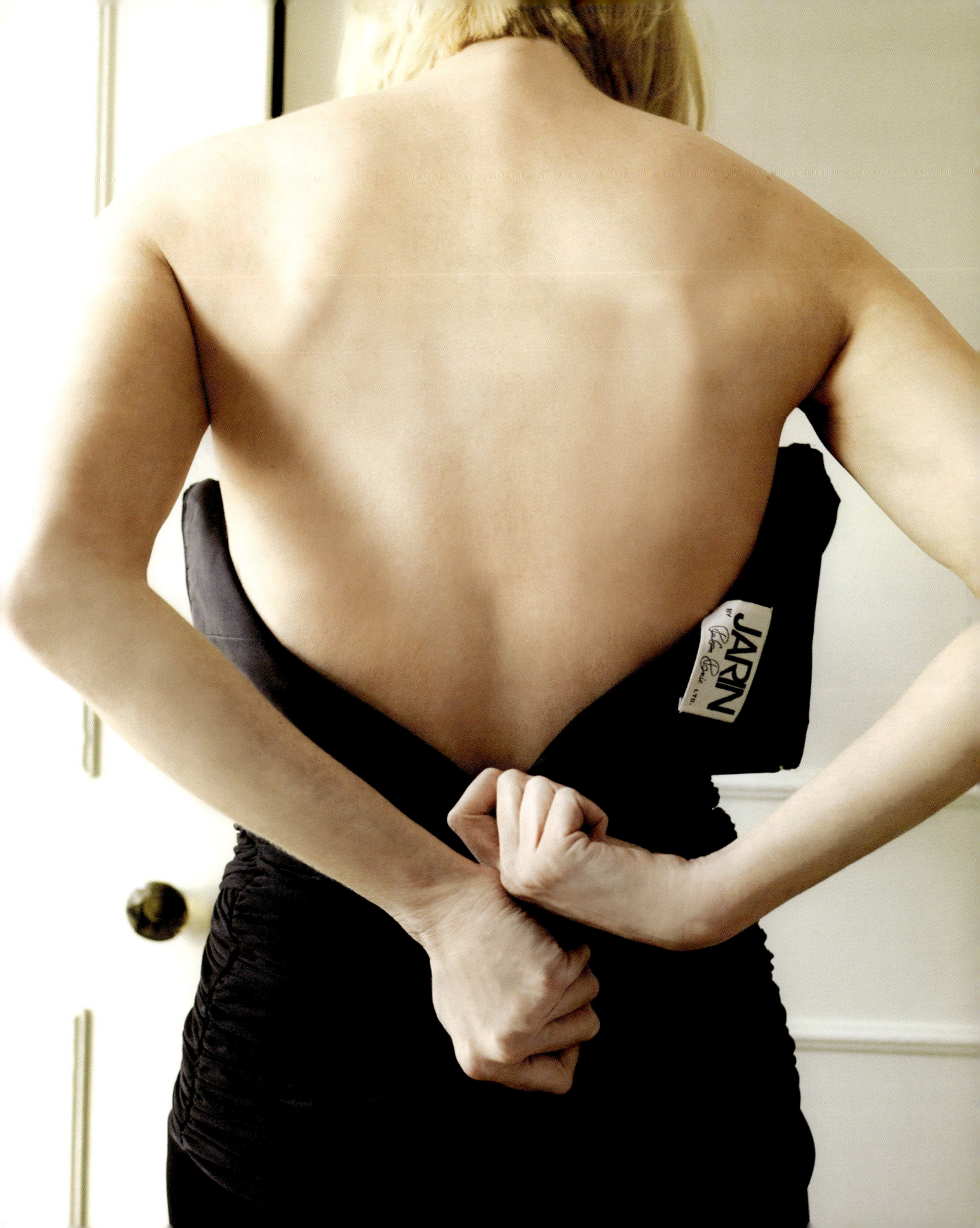

Die Sechs-Stapel-Methode

Legen Sie beim Anprobieren sechs Stapel an, um den Überblick zu behalten. Ich kennzeichne die Stapel gern mit Haftnotizen, damit die Kleidungsstücke nicht durcheinander geraten.

1 BEHALTEN
Passform und Aussehen stimmen
Über diesen Stücken darf kein Fragezeichen schweben. Sie müssen gut aussehen, gut sitzen und in gutem Zustand sein. Außerdem müssen Sie zu Ihrem Lebensstil passen, der in den einleitenden Fragen ausgelotet wurde. Keine Panik, wenn dies am Ende der Bestandsaufnahme der kleinste Stapel ist! Sie haben nichts falsch gemacht, Sie sehen nur realistisch, was an Ihnen gut aussieht – und was eben nicht. Wenn Sie in diesen Prozess kein Vertrauen haben, werden Sie schwerlich von meinem bewährten Prinzip profitieren können.

2 ARCHIVIEREN
Stücke, die Sie nicht mehr tragen, aber nicht hergeben wollen
Natürlich gibt es Stücke, an denen man hängt. Wenn man sie „archiviert", kann man sie später wieder hervorholen. Ich habe einige Lieblingsstücke, die ich nicht mehr trage, für meine kleine Tochter beiseite gelegt. Vielleicht besitzen auch Sie Kleider, die Sie gern vererben möchten. Natürlich müssen Sie realistisch beurteilen, wie viel Sie aufbewahren wollen – und wo. Denn was Sie nicht tragen, sollten Sie nicht ständig vor Augen haben.

3 VIELLEICHT
Der Kopfzerbrechen-Stapel. Behalten oder weg damit?
Wenn Sie bei manchen Stücken unschlüssig sind, stellen Sie sich die folgenden Fragen. Sitzt es gut? Sieht es vorteilhaft aus? Sind Schnitt, Form und Details noch aktuell? Selbst wenn auf Ihrem BEHALTEN-Stapel keine wirklich gute Jeans liegt, scheuen Sie sich nicht, die unvorteilhaften Modelle auszumustern. Es ist besser, Lücken im Kleiderschrank zu haben, die beim nächsten Einkauf gefüllt werden können. Wenn Sie wissen, was Sie brauchen, sind Sie weniger anfällig für Impulskäufe.

4 WEG DAMIT

Stücke zum Weggeben, Fehlkäufe, abgetragene Stücke und falsche Größen

Erfolgreich ausmustern kann man nur, wenn man gnadenlos ehrlich ist. Wir alle haben den einen oder anderen Mode-Fauxpas begangen und später die Beweisfotos zerrissen. Im Rückblick erkennt man, dass es ein Fehler war, für das prachtvolle Kleid einen Kredit aufzunehmen. Kein Stück sollte sich in Ihrem Schrank breit machen dürfen, nur weil ein berühmter Designername drin steht oder weil es exorbitant teuer war. Auf diesen Stapel gehören auch Kleidungsstücke, die ausgeleiert, verwaschen oder abgenutzt sind. Nichts ist scheußlicher als ein weißes T-Shirt mit Grauschleier, selbst wenn es zu ihren liebsten Basics gehört. Gerade diese Lieblingsstücke sollten Sie oft durchsortieren und erneuern.

5 REINIGUNG, WÄSCHE, ÄNDERUNGSSCHNEIDER

Sehr wichtig!

Es ist grässlich, ein Kleidungsstück aus dem Schrank zu nehmen, um dann festzustellen, dass es eigentlich gewaschen werden müsste. Ebenso ärgerlich ist es, erst beim Anziehen festzustellen, dass ein Reißverschluss defekt oder ein Saum abgerissen ist. Schmutzige oder schadhafte Kleidungsstücke gehören nicht in den Schrank.

Ältere Stücke lassen sich oft mit geringem Aufwand modernisieren. Manchmal genügt es schon, die Knöpfe auszutauschen oder den Saum zu kürzen. Legen Sie auch Kleidung, die geändert werden könnte, auf diesen Stapel.

6 JAHRESZEITEN
Räumen Sie reine Winterkleidung über Sommer aus dem Schrank (und umgekehrt). Dadurch gewinnen Sie Platz und sehen leichter, was Ihnen fehlt.

Die Sechs-Stapel-Methode mag übertrieben und zeitraubend erscheinen, aber wer sie konsequent anwendet, wird garantiert profitieren.

Tipps für den „Weg-damit"-Stapel

FLOHMARKT

Dies ist vermutlich meine Lieblingsmethode, um aussortierte Kleidung und anderen Krimskrams aus dem Haushalt loszuwerden. Es ist nicht jedermanns Sache, in aller Frühe aufzubrechen, um Überflüssiges zu verkaufen, aber mir macht es enormen Spaß. Mit der Zeit habe ich auch meine Verkaufsstrategien verbessert. Beim ersten Mal marschierte ich mit einem Tapeziertisch und Plastiktüten voller Kleidung los. Ich versank im Chaos und verkaufte viele Stücke unter Wert, weil ich sie nicht angemessen präsentiert hatte. Aus dieser Erfahrung lernte ich, auf dem Flohmarkt dieselben Prinzipien zu beachten wie bei meiner Arbeit: Organisation ist alles!

Beim nächsten Mal hängte ich ausgesuchte Stücke auf Kleiderbügel. Handtaschen, Schuhe und Spielzeug legte ich in große Plastikboxen. Mein Stand sollte nicht wirr und unordentlich wirken, sondern überschaubar und ansprechend. Davon versprach ich mir bessere Einnahmen – und die erzielte ich auch.

Diese Utensilien und Tricks haben sich für mich bewährt:
• Kleiderbügel (hier sind ausnahmsweise auch Drahtbügel erlaubt)
• Kleiderstange
• Tapeziertisch
• Körbe, Kästen, Plastikkisten
• Plastiktüten für verkaufte Stücke
• Gürteltasche (mit reichlich Kleingeld zum Herausgeben)
• Plastikplanen zum Abdecken des Standes, falls es regnet
• Eine Freundin zur moralischen Unterstützung
• Ein Outfit im Zwiebellook, weil es früh morgens kalt sein kann
• Zwischendurch in ruhigen Zeiten den Stand aufräumen
• Realistische Preise – Sie wollen verkaufen und nicht viel wieder mitnehmen
• Nicht verkaufte Stücke nicht wieder mit nach Hause nehmen, sondern direkt beim Second-Hand-Laden oder Sozialkaufhaus abgeben.

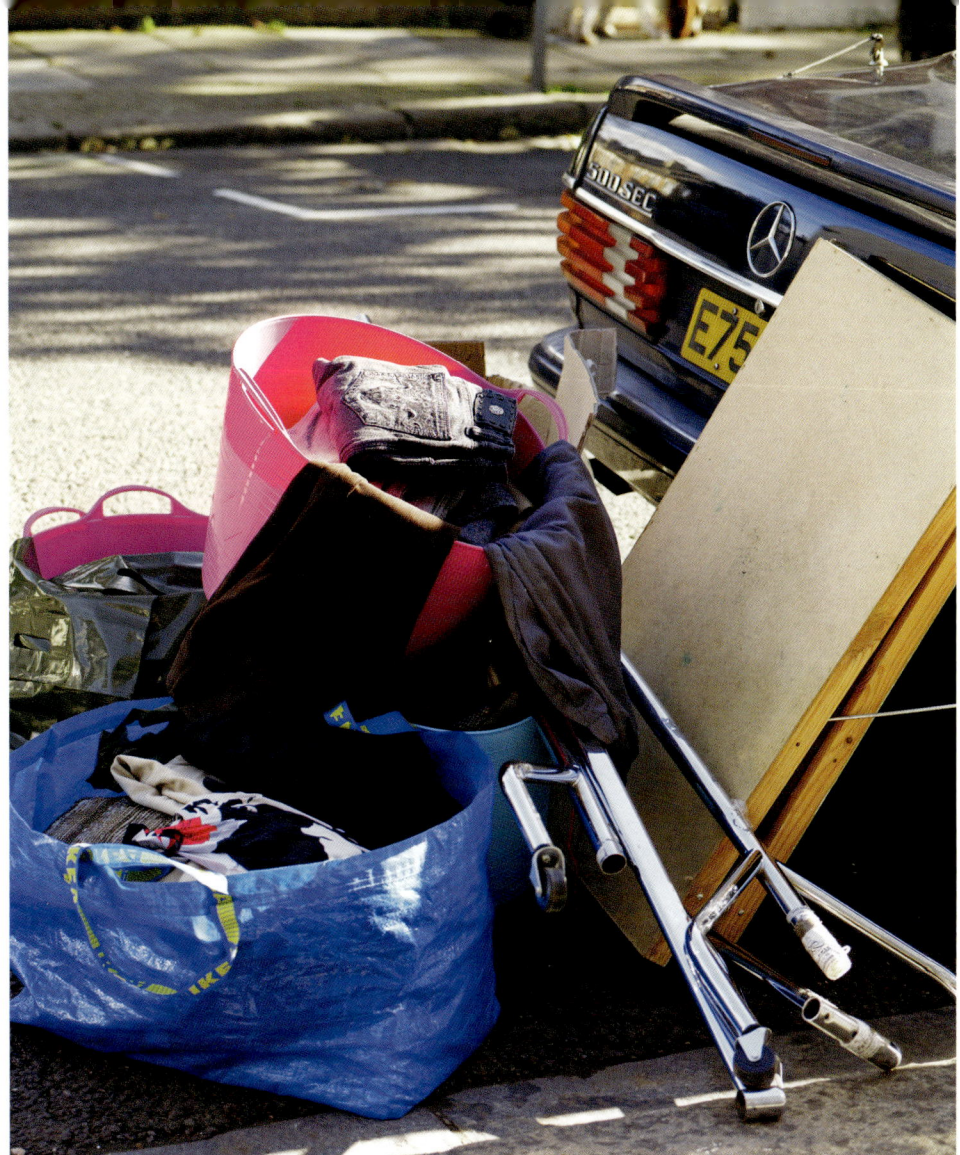

EBAY

Wegen des riesigen Kundenkreises kann man auf eBay fast alles verkaufen. Manche Leute finden es einfach und gewinnbringend, anderen ist der Zeitaufwand zu hoch und der Profit zu gering.

Jeder Artikel, der verkauft werden soll, muss fotografiert werden – am besten mehrfach, um alle Details zu zeigen. Außerdem muss eine Artikelbeschreibung mit Maßen und anderen wichtigen Angaben formuliert werden. Je mehr Informationen Sie geben, desto weniger Fragen von Interessenten müssen Sie be-beantworten.

Zum Schutz der Käufer gelten auf eBay feste Regeln. So muss beispielsweise die Ware binnen weniger Tage nach Zahlungseingang verschickt werden – am besten als versichertes Paket, dessen Transportweg über die Sendungsnummer verfolgt werden kann.

Ich persönlich habe zu wenig Zeit und Geduld, um auf eBay zu verkaufen. Andererseits ist mir das Potenzial dieser Plattform durchaus bewusst, darum nutzt meine Firma Practical Princess sie, um Designerstücke zu verkaufen, die unsere Kundinnen aussortiert haben.

SECOND-HAND-LÄDEN

In vielen Städten gibt es Second-Hand-Läden, aber die An- und Verkaufsbedingungen sind recht unterschiedlich. Die folgenden Fragen sollten Sie stellen:
• Nimmt der Laden nur Designer-Label?
• Müssen die Kleidungsstücke chemisch gereinigt und in makellosem Zustand sein?
• Wie viel vom Verkaufserlös geht an den Laden?
• Nehmen Sie Stücke, die gerade nicht Saison haben?
• Wann bekommen Sie Ihr Geld – und wie wird die Auszahlung abgewickelt?
• Was geschieht mit unverkauften Stücken?

SPENDEN

Am einfachsten ist es, das Kleiderpaket im nächsten Sozialkaufhaus oder bei einer Kleiderkammer abzugeben.

Manche unserer Kunden verkaufen ihre aussortierten Kleider auch im Second-Hand-Laden oder auf eBay und spenden den Erlös einer Organisation, die sie gern unterstützen möchten.

Wer es sich leisten kann oder ein gutes Herz hat, kann seine ausgemusterte Kleidung auch spenden.

Wohin mit ausgemusterter Kleidung?

	PRO	KONTRA
FLOH-MARKT	• Sie müssen vom Erlös nichts abgeben • Unwahrscheinlich, dass alles verkauft wird • Sie kommen an die frische Luft	• Zähe Preisverhandlungen mit Geizhälsen können nervig sein • Sie erzielen vielleicht nicht ihre Wunschpreise • Es geht früh los!
SECOND-HAND-LADEN	• Relativ wenig Aufwand • Realistisch kalkulierte Preise	• 40–60% Prozent Verkaufsprovision • Oft wird nur Saisonware angenommen • Unterschiedliche Annahme-Kriterien
EBAY	• Erreicht Kunden in aller Welt • Manchmal schaukeln sich Bieter gegenseitig hoch	• Zeitaufwand: Fotos, Artikelbeschreibung, Schriftverkehr mit Interessenten, Verpacken, Verschicken, eventuell Retouren • Gebühren • Erlös unkalkulierbar, sofern kein Mindestpreis festgelegt wird • Es kostet Zeit, positive Bewertungen zu sammeln und damit Kundenvertrauen zu gewinnen
SPENDEN	• Wiederverwendung • Anderen helfen • Alles wird angenommen	• Man muss die Kleidung selbst hinbringen • Es ist unerwünscht (oder verboten), Spenden außerhalb der Öffnungszeiten vor der Tür abzustellen

Aufbewahren

Als ich um die Zwanzig war, zog ich oft um. Damals machte ich mir wenig Gedanken darüber, wie meine Kleidung verpackt und aufbewahrt wurde. Bei jeder Gelegenheit lieferte ich bei meinen Eltern Kisten und Kästen ab, die sie für mich aufbewahren sollten. Aber als ich sie Jahre später öffnete, war ich über die Schäden durch Feuchtigkeit und Motten schockiert. Ich wünschte, ich hätte schon als junge Frau gewusst, wie leicht sich solche Schäden vermeiden lassen.

Normalerweise stehen nicht viele Plätze zur Verfügung, an denen wir das „Klamottenarchiv" lagern können. Auf jeden Fall sollte der Ort vor Feuchtigkeit und direktem Sonnenlicht geschützt sein. Ungünstig sind auch Räume mit starken Temperaturschwankungen, beispielsweise Garagen, Keller oder Dachböden ohne Isolierung.

Es hängt vom Lagerort ab, wie die Kleidung verpackt werden muss. Normalerweise wird man Kisten oder Koffer verwenden müssen, denn Platz zum Hängen ist selten vorhanden. Am besten eignen sich spezielle Pappkartons für Kleidung: Sie sind nicht vollständig luftdicht, sodass der Inhalt atmen kann. Wichtig ist auch, die Kleidung vor dem Einlagern zu waschen oder reinigen zu lassen. An getragenen Stücken, selbst wenn sie sauber aussehen und frisch riechen, haften immer Hautschüppchen und Schweißspuren – und die locken zwangsläufig Motten an.

Waschen Sie sich vor dem Verpacken die Hände, um keine Spuren von Hautfett an der Kleidung zu hinterlassen. Legen Sie die Kästen mit säurefreiem Seidenpapier aus. Je weniger Sie die Kleidung falten, desto besser, denn aus manchen Stoffen lassen sich Kniffe und Knitter später nicht mehr restlos entfernen.

Jedes Stück muss „artgerecht" verpackt werden. Brautkleider, Ballkleider und andere besondere Stücke sollten einen Kasten für sich allein bekommen. Legen Sie säurefreies Seidenpapier zwischen die Stofflagen, und stopfen Sie Ärmel und Korsage mit geknülltem Seidenpapier aus.

PRACTICAL PRINCESS

Givenchy

PRACTICAL PRINCESS

Givenchy

So bleiben die edlen Stücke gut in Form, bekommen wenig Knitter und halten lange. Wenn Sie mehrere Stücke in einen Karton packen, legen Sie ebenfalls Seidenpapier zwischen die gefalteten Lagen und zwischen die einzelnen Kleidungsstücke. Manche Stoffe und Zubehörteile brauchen eine Sonderbehandlung. Metallknöpfe beispielsweise sollten Sie in säurefreies Seidenpapier wickeln oder ganz abtrennen: Sie können rosten oder anlaufen und hässliche, hartnäckige Flecken auf dem Stoff verursachen. Verwenden Sie auch säurefreies Seidenpapier, um Schuhe und Taschen einzuwickeln und auszustopfen.

Kleidung, die Sie hängend lagern möchten, verstauen Sie am besten in atmungsfähigen Kleiderhüllen. Solche Hüllen verwenden wir auch im Lagerbereich unserer Firma für Modelle unserer Kundinnen, die sie aus Platzgründen nicht im eigenen Haus aufbewahren können. Die Hüllen schützen die Kleidung vor Staub und Reibung, und sie sind groß genug, dass die Kleidung kaum knittert. Zu eng sollten die Kleiderhüllen nicht hängen, damit die Luft zwischen ihnen zirkulieren kann.

In jede Verpackung – Kasten oder Hülle – gehört ein Mittel gegen Motten. Legen Sie es zwischen Seidenpapier, damit es nicht in Berührung mit dem Stoff kommt. Alle drei bis sechs Monate muss der Mottenschutz erneuert werden. Dabei können Sie gleich kontrollieren, ob die Kleidungsstücke noch in gutem Zustand sind.

KATALOGISIEREN

Kleidungsstücke, die Sie länger einlagern wollen, sollten Sie fotografieren. Ich ziehe jedes Kleid einer Puppe über, mache ein Foto und schiebe es in die Tasche an der Kleiderhülle. Auch den Inhalt von Kästen vermerke ich mit Fotos und Notizen auf der Außenseite. Das scheint Ihnen überflüssig? Sie glauben nicht, wie schnell man vergisst, was man weggeräumt hat. Und wenn man etwas sucht, sind Fotos und Notizen ausgesprochen hilfreich.

KURZZEIT-LAGERUNG

Ich habe am liebsten nur Kleidung für die laufende Saison im Schrank. Natürlich spielt der Platz eine Rolle, aber wenn man Sommer- und Winterkleidung trennen kann, ist das Anziehen wesentlich einfacher. Kleidung für Frühling und Herbst habe ich bewusst nicht erwähnt, denn sie stellt die Überleitung zwischen den Jahreszeiten dar.

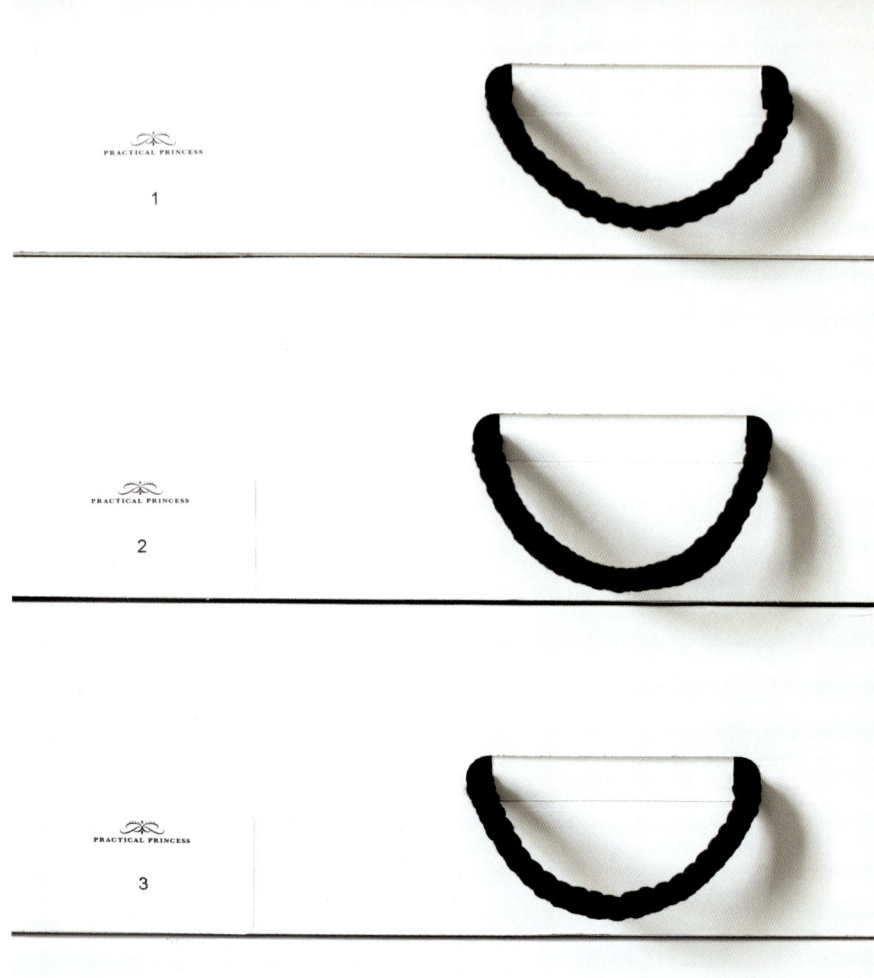

Das wird am Saisonende weggeräumt:

• Dicke Wintermäntel. Schulterhüllen schützen vor Staub und sparen Reinigungskosten.

• Typische Ferienkleidung, die Sie nur im Urlaub tragen. Pareo und Sonnenhut haben zwischen der Alltagskleidung nichts zu suchen.

• Skibekleidung kann in Vakuumbeuteln verpackt werden. Ich mag diese Verpackungsart nicht sonderlich gern, aber sie ist enorm platzsparend.

• Dicke Winterpullover können in Plastikkisten, Vakuumbeuteln oder Pappkartons verpackt werden. Oder Sie legen den Stapel einfach auf ein Regal ganz oben im Schrank.

• Vakuumbeutel müssen vor jeder Benutzung gründlich gereinigt werden.

Archiv und Katalog

Für den roten Teppich, Gala-Abende und Wohltätigkeitsveranstaltungen braucht man Kleider mit einer Extraportion Drama – und leider einer kurzen Lebensspanne.

Viele unserer prominenten Kundinnen können diese aufregenden Modelle nur wenige Male anziehen, weil sie ständig fotografiert werden. Sie lassen ihre Kleidung aus verschiedenen Gründen einlagern und katalogisieren, beispielsweise der Versicherung wegen, oder weil sie mehrere Wohnsitze haben und dennoch stets Zugriff auf ihre Garderobe brauchen.

Christian Dior   Derek Lam   DVF   DVF

Gucci   Julien MacDonald   Kaat Tilley   Luca Luca

Marchesa Notte	Matthew Williamson	Oscar de la Renta	Reem Acra
Reem Acra	Reem Acra	Reem Acra	RM
Roberto Cavalli	Stella McCartney	Valentino	Victoria Beckham

Organisation

Platz schaffen

Platz ist in meinem Beruf ein ständiges Thema. Es scheint keine Rolle zu spielen, wie groß der Kleiderschrank einer Klientin ist, eigentlich ist er immer zu klein. Ich habe oft genug erlebt, dass es schlichtweg unmöglich war, die gesamte Kleidung im vorhandenen Schrankraum zu verstauen. Dann muss ich meine Kundinnen daran erinnern, dass ich nur die Practical Princess bin – und nicht die gute Fee mit dem Zauberstab. Ich verfüge nicht über magische Kräfte, aber immerhin über einige Erfahrung und praktisches Wissen, wie man Platz optimal nutzen kann.

Manche Elemente im Kleiderschrank, in der Schrankwand oder dem Ankleideraum lassen sich nicht verändern. Kleiderstangen kann man aber normalerweise umhängen. Dadurch lässt sich viel Platz gewinnen. Außerdem ist so dafür gesorgt, dass Stücke verschiedener Länge frei hängen und nicht verknittern.

Bringen Sie Ihre Kleiderstangen in der passenden Höhe für Ihre Kleidung an. Oft ist es auch praktisch, zwei Stangen übereinander zu montieren, um Jacken, Hemden, Blusen oder Hosen in zwei Etagen aufzuhängen.

Die Fotos auf dieser und der vorigen Seite zeigen, wie leicht sich die Platzausnutzung optimieren lässt. Das Regal wurde aus dem Schrank genommen, sodass die Kleiderstange höher montiert werden konnte. Dadurch entstand weiter unten Platz für eine zweite Stange – und schon fasst der Schrank doppelt so viele Kleidungsstücke wie vorher. Diese Lösung ist ideal, wenn Sie viele kurze Stücke hängend aufbewahren. Und sie hat den Vorteil, dass sie nicht für die Ewigkeit geschaffen ist. Sie können jederzeit wieder zur vorherigen Aufteilung zurückkehren (wenn Sie das Regal nicht wegwerfen).

In besonders tiefen Schränken könnte man auch zwei Stangen hintereinander montieren. Allerdings muss die Tiefe wirklich für zwei Bügel ausreichen, damit die Kleidung nicht aneinander reibt oder durch den Druck verknittert.

Wandhaken sind eine gute Lösung, um Kleidung in Schränken mit geringer Tiefe aufzuhängen. Sie eignen sich, um schlecht zugängliche Nischen oder tote Winkel zu nutzen.

Mit Regalen lässt sich für wenig Geld viel Stauraum schaffen. Sie sind praktisch für Taschen, Schuhe, Pullover und ähnliche Stücke. Oft lässt sich auch Platz gewinnen, wenn man in vorhandene Schränke zusätzliche Fachböden einbaut.

Wer keine Schubladen im Kleiderschrank hat, sollte sich unbedingt eine Kommode zulegen. Manche Kleidungsstücke müssen einfach in Schubladen aufbewahrt werden, beispielsweise Unterwäsche, Strümpfe und Nachtzeug. Auch andere Dinge sind in Schubladen bestens aufgehoben, etwa T-Shirts, Clutches, Gürtel, Sonnenbrillen … die Liste lässt sich endlos fortsetzen.

BEGEHBARE KLEIDERSCHRÄNKE

Ein kleiner, ungenutzter Raum lässt sich verblüffend einfach und für relativ wenig Geld in einen begehbaren Schrank verwandeln – und bei Bedarf wieder zurück. Sie brauchen im Grunde nur einige Kleiderstangen an den Wänden zu montieren oder Kleiderständer aufzustellen. Ein paar Regale, eine Kommode oder Truhe – das genügt schon.

Bei der Planung von Einbauschränken oder einem dauerhaften Ankleidezimmer können die folgenden Tipps hilfreich sein:

• Regale sollten verstellbar sein. Ideal sind Bohrungen für Regalträger in Abständen von 10 mm. Schaffen Sie sich einige Regalböden auf Vorrat an – vermutlich werden Sie sie brauchen.

• Auch Kleiderstangen sollten sich leicht verstellen lassen. Manche werden an den Schrank-Seitenwänden festgeschraubt, andere an den Unterseiten von Regalböden.

• Messen Sie nach, wie viel Hängehöhe Sie für die verschiedenen Kleidungsstücke benötigen, die Sie auf Bügeln aufbewahren wollen.

• Überlegen Sie, was Sie in Schubladen aufbewahren wollen und wie groß diese folglich sein müssen. Sehr tiefe Schubladen sind unvorteilhaft: Was ganz unten liegt, wird leicht vergessen.

• Denken Sie über die Schranktüren nach. Schiebetüren brauchen wenig Platz, aber sie verhindern, dass Sie Ihren kompletten Kleiderschrankinhalt auf einen Blick sehen können.

Sauber machen

Wann haben Sie zuletzt Ihren Kleiderschrank komplett ausgeräumt und gründlich sauber gemacht? Gehen Sie jetzt hin! Schieben Sie die Bügel zu einer Seite, und streichen Sie mit dem Finger über die Kleiderstange. Höchstwahrscheinlich ist die Fingerspitze danach voll Staub. Kein Grund zur Panik, Sie sind kein Einzelfall. Erstaunlicherweise reinigen die wenigsten Leute ihren Kleiderschrank regelmäßig von innen. Wir würden nicht von einem schmutzigen Teller essen, warum also sollten wir unsere Kleider in einen schmutzigen Schrank hängen? Man riskiert zwar keine Lebensmittelvergiftung, aber der Staub besteht immerhin zum Teil aus abgestorbenen Hautzellen. Igitt.

Staub, der sich länger ansammelt, hat einen ekligen, abgestandenen Geruch, der sich bald in den Kleidern festsetzt. Leider gewöhnen wir uns an die Gerüche unserer direkten Umgebung und nehmen sie kaum wahr. Ich will damit nicht sagen, dass Ihre Kleider müffeln, sondern nur Ihre Aufmerksamkeit wieder wecken.

Um muffigen Schrankgeruch zu neutralisieren, können Sie Zitronen mit kräftigem Druck über eine Tischplatte rollen, dann halbieren, in kleine Stücke Mull einbinden und auf den Schrankboden legen. Alternativ stellen Sie Schälchen mit kochendem Wasser und einem duftenden Öl, beispielsweise Rosenöl, auf. Die Schälchen müssen ausgewechselt werden, wenn das Wasser abkühlt, die Zitronen, wenn sie trocken werden. Schließen Sie die Schranktüren und achten Sie darauf, dass die Kleidung nicht mit Wasser oder Zitronen in Berührung kommt.

Die Heißwassermethode wende ich auch für Kleidung an, die durch unsachgemäße Lagerung besonders muffig riecht. Einmal habe ich sogar ein kleines Bad in eine Mini-Dampfkabine verwandelt, indem ich Wanne und Waschbecken mit kochendem Wasser und Duftöl gefüllt habe. Die Kleider wurden mit reichlichen Abständen auf eine Stange gehängt, darunter habe ich Schüsseln mit kochendem Wasser gestellt. Der Duft war herrlich, und die Kleider rochen danach viel frischer.

GROSSREINEMACHEN

Um den Schrank gründlich zu reinigen, räumen Sie ihn zuerst komplett aus. Dann wischen Sie alle Oberflächen mit einem trockenen Tuch ab oder saugen sie mit dem Staubsauger ab. Danach entfernen Sie den restlichen Staub und Schmutz mit einem feuchten Tuch. Anschließend wischen Sie alles noch einmal mit einem Reinigungsmittel ab. Ideal sind Produkte auf Lavendelbasis, die dem Schrank einen frischen Duft geben. Chlorhaltige Reiniger sollten Sie auf keinen Fall verwenden.

Schrankfächer und Kleiderstange müssen absolut trocken sein, bevor Sie Ihre Kleidung wieder einräumen, sonst riskieren Sie Flecken. Damit der frische Geruch länger vorhält, könnten Sie noch ein Duftsäckchen hineinlegen.

Schubladen werden ebenso gereinigt. Wenn sie blitzsauber sind, legen Sie sie mit duftendem Papier aus. Das sorgt nicht nur für frischen Geruch, sondern erleichtert Ihnen auch die nächste Reinigung.

Praktische Helfer

KLEIDERBÜGEL

Ehe Sie Kleider aufhängen, schauen Sie sich Ihre Kleiderbügel einmal genauer an. Es ist erstaunlich, wie ordentlich ein Schrank aussieht, wenn man für jedes Kleidungsstück den richtigen Bügel benutzt. Beim Öffnen der Schranktür bleibt der Blick nicht mehr am Durcheinander verschiedener Bügel auf unterschiedlichen Höhen hängen. Stattdessen nehmen Sie Ihre Kleidung besser wahr – und das ist ja der Sinn der Sache.

Die Wahl der richtigen Kleiderbügel ist wichtiger, als man meinen möchte. Die meisten Modelle neigen dazu, die Schultern von Kleidungsstücken zu verziehen oder auszubeulen.

DRAHT

Diese fiese Erfindung mag harmlos aussehen und viele Leute horten Drahtkleiderbügel, weil man sie umsonst bekommt. Aber die Drahtbügel verbiegen leicht, und dann klammern sich die Kleidungsstücke verzweifelt an die abfallenden Schultern oder fallen ganz herunter. Die Drahtwicklung am Haken ist oft unsauber gearbeitet – sie kann Ziehfäden verursachen oder empfindliche Stoffe beschädigen. Draht rostet, und Rostflecken sind mehr als hartnäckig. Wer Drahtkleiderbügel verwendet, riskiert Langzeitschäden an seiner Kleidung, die sich nicht mehr beseitigen lassen.

BEZOGENE BÜGEL

Meiner Meinung nach haben gepolsterte Bügel mit Stoffbezug in einem modernen Kleiderschrank nichts zu suchen. Sie nehmen zu viel Platz im Schrank
ein, ihr Bezug zieht Staub an und wird mit der Zeit unansehnlich. Kunstlederbezüge werden mit den Jahren brüchig.

HOLZBÜGEL

Manche Holzbügel sind großartig, aber preiswerte Modelle sind oft rau und
können die Kleidung beschädigen. Von lackierten Bügeln rutschen Kleidungsstücke sehr leicht ab.

PLASTIKBÜGEL

Plastikbügel sehen oft billig aus – das wird Ihren schönen Kleidern nicht gerecht. Zudem brechen sie leicht oder haben raue Stellen.

*Die Wahl der
richtigen Kleiderbügel ist wichtiger,
als man meinen
möchte.
Die meisten Modelle
neigen dazu, die
Schultern von
Kleidungsstücken
zu verziehen oder
auszubeulen.*

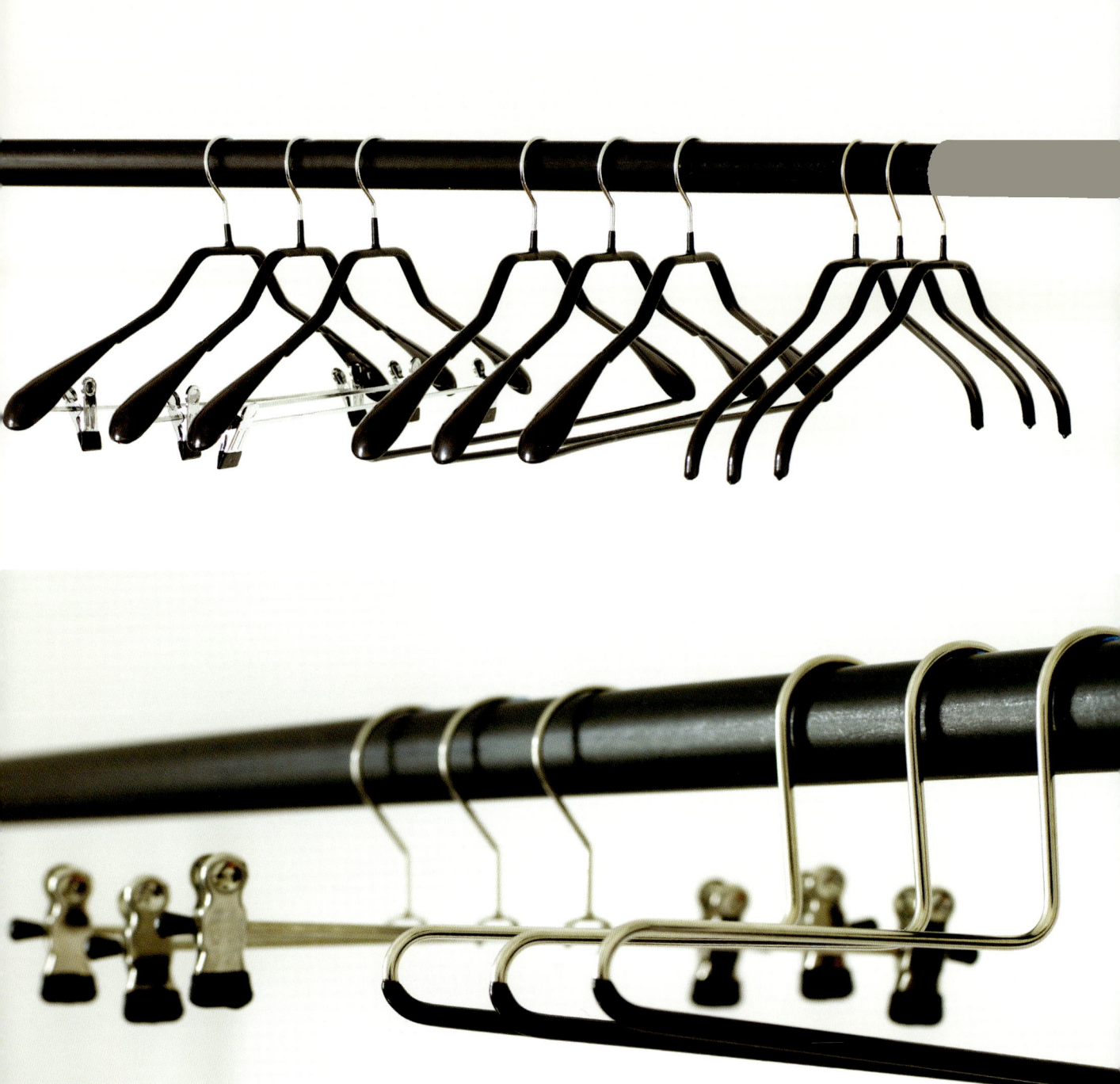

Ich finde, Kleidung muss auf einem Bügel genau so gut sitzen wie am Körper. Weil ich nirgends optimale Bügel finden konnte, habe ich schließlich selbst eine Serie entwickelt. Dabei habe ich folgende Kriterien angelegt:

• Verstellbare Schulterbreite

• Rutschfest

• Platzsparend und handlich

• Modern

• Unisex

• Unaufdringliche Farbe

Außerdem sollten alle fünf Bügeltypen so konstruiert sein, dass die Kleider in gleicher Höhe auf der Stange hängen und keine Wellenlinie bilden.

HEMDENBÜGEL

Dies ist der beliebteste Bügel, den ich für Hemden, Tops, Kleider, Strickwaren und immer öfter auch für Jacken benutze. Man kann ihn biegen, um ihn der Form des Kleidungsstücks anzupassen. Sein größter Vorteil ist, dass er Strick nicht verzieht.

ANZUGBÜGEL MIT QUERSTANGE

Das ist der Bügel für Hosenanzüge. Die leicht verbreiterten Schultern eignen sich für die meisten Jacken und Blazer. Die Hose wird so über die Stange gehängt, dass das Bündchen zum Jackenrücken zeigt.

KOSTÜMBÜGEL MIT KLAMMERN

Diese Bügel eignen sich nicht nur für Kostüme, sondern auch für trägerlose Kleider oder Neckholder-Modelle, die zusätzlichen Halt brauchen. Die Klammern halten auch lange, schwere Abendröcke zuverlässig. Um den Stoff zu schützen, sollten Sie ein Stück säurefreies Seidenpapier unter die Klammern schieben.

HOSENBÜGEL

Hosen mit Bügelfalte legt man mit den Seitennähten glatt aufeinander und hängt sie über die Trägerstange dieser Bügel. Das Gesäß zeigt dabei zum offenen Ende. Jeans und Hosen ohne Bügelfalte falten Sie senkrecht zur Hälfte, die Taschen (falls vorhanden) zeigen nach außen, der Schritt zeigt zum offenen Ende des Bügels. So hängen sie schön glatt und sehen ordentlich aus.

ROCKBÜGEL

Diese Bügel werden für Röcke und Shorts verwendet. Vor dem Anklammern müssen Reißverschlüsse und Knöpfe geschlossen werden, damit die Kleidungsstücke glatt hängen. Die vielseitigen Bügel können sie auch für Schals, Tücher und sogar Stiefel verwenden. Um zarte Stoffe zu schützen, sollten Sie kleine Stücke säurefreies Seidenpapier unter die Klammern schieben.

KLEIDERSTÄNDER

Ein Kleiderständer ist nicht zwingend notwendig, aber ungemein praktisch. Für den Hausgebrauch genügen die einfachen Modelle zum Zusammenklappen, die man überall für wenig Geld kaufen kann. So ein Ständer ist eine gute Hilfe beim Auf- und Umräumen des Kleiderschrankes, aber auch beim Packen für eine Reise (siehe Seite 122–125).

Sortieren nach Farbe und Form

Beim folgenden Schritt gehen Sie am besten anhand einer Liste vor. Beim Anprobieren haben Sie die Kleidung ja schon vorsortiert. Nun wird alles Stück für Stück wieder in den blitzsauberen Schrank gehängt oder gelegt.

Ein wichtiger Gesichtspunkt ist dabei der Schrankraum. Möglicherweise kann man nicht alles aufhängen und muss beispielsweise Jeans zusammengefaltet und liegend aufbewahren. Darum beginnen Sie nun damit, die Stücke aufzuhängen, die sich nicht gut zusammenlegen lassen. In der folgenden Liste habe ich alle Kleidungsstücke, die hängen sollten, mit einem (h) gekennzeichnet.

- Hosen (h)
- Röcke (h)
- Blusen und Oberteile (h)
- Anzüge und Kostüme (h)
- Mäntel (h)
- Jacken (h)
- Strickwaren
- T-Shirts und Trägertops
- Loungewear
- Urlaubskleidung
- Sport- und Outdoor-Kleidung
- Jeans

Nehmen Sie sich die Kategorien einzeln vor, und verwenden Sie für jede die passenden Bügel (siehe Seite 50–55). Ob Sie alle Vorderseiten nach rechts oder links hängen, bleibt Ihnen überlassen. Einheitlich sollte die Richtung aber sein, denn dadurch entsteht ein einheitliches, übersichtliches Bild im Schrank.

Die Haken der Bügel sollten aber immer zur Schrankrückwand zeigen, sonst geht der aufgeräumte, überschaubare Eindruck verloren. Außerdem lassen sich die Kleider schneller aus dem Schrank nehmen, wenn man die Bügel einfach nach vorn von der Kleiderstange abheben kann.

Nachdem nun alle Kleidungsstücke nach Typen geordnet auf Bügeln hängen, werden sie nach Farben sortiert. Sie werden vielleicht nicht glauben, dass das einen enormen Unterschied macht – aber probieren Sie es aus! Sortieren Sie innerhalb jeder Kleidungskategorie die Stücke von Hell nach Dunkel. Bald werden Sie Regelmäßigkeiten erkennen, und Sie werden Modelle entdecken – meist gemusterte oder mehrfarbige – die verschiedene Farben miteinander verbinden. In der Abteilung Schwarz schaffen Sie Ordnung, indem Sie die Stücke nach Strukturen oder Ärmellängen sortieren.

Richtig zusammenlegen

Ob Sie T-Shirts, Tops und Pullover in Schrankfächern oder Schubladen aufbewahren: Wenn alle einheitlich gefaltet sind, sehen sie ordentlicher aus und brauchen weniger Platz.

Sortieren Sie zuerst die Oberteile nach Kategorien, zum Beispiel Strickjacken, V-Ausschnitt-Pullover, Trägertops, T-Shirts, langärmelige Shirts und so weiter. Dann ordnen Sie jede Gruppe nach Farben, am besten die dunkelste zuunterst. Nun wird gefaltet.

Legen Sie das Kleidungsstück mit dem Vorderteil nach unten auf eine saubere, ebene Fläche. Die Schablone auflegen, das Loch liegt an der

Ausschnittkante. Die linke Seite einschlagen, dann die rechte. Die Ärmel müssen glatt liegen, Bündchen oder Manschette zeigt nach unten. Die untere Hälfte nach oben schlagen. Falls sie oben übersteht, wird sie nochmals umgefaltet. Dann ziehen Sie die Schablone vorsichtig heraus und drehen das Kleidungsstück um. Wenn Sie alle Kleidungsstücke so gefaltet haben, liegt ein makelloser Stapel mit gleichmäßigen Abmessungen vor Ihnen.

Wäsche

Wäscheschubladen sehen schön aus, sollten aber auch praktisch sein. Finden Sie, dass ich es mit der Ordnung übertreibe? Denken Sie an Momente, in denen die Zeit drängte, Sie aber unbedingt den trägerlosen, hautfarbenen BH oder die süße Spitzengarnitur brauchten – und nicht finden konnten. Vielleicht doch ein bisschen Ordnung?

BHs
Legen Sie Körbchen ineinander, und schieben Sie die Träger in die Wölbung. So entsteht eine kompakte Kuppelform. Legen Sie alle BHs mit der Körbchenwölbung nach oben in die Schublade, dann verrutschen sie nicht. Diese Art der Aufbewahrung braucht wenig Platz, und sie eignet sich gut, um Sets zusammenzuhalten. Schieben Sie einfach das passende Höschen hinter die BH-Wölbung. Dann ordnen Sie die BHs nach Farben sortiert in geraden Reihen so an, dass sie einander ein Stückchen überlappen.

Wenn Sie die kuppelförmige Packweise nicht mögen, legen Sie die BHs ausgebreitet in die Schublade, die Körbchen nach oben und die Träger dahinter. Passende Slips können hinter den Körbchen verstaut werden. Legen Sie die BHs nach Farben sortiert und leicht überlappend in die Schublade.

HÖSCHEN FALTEN

Nichts ist schlimmer als eine Schublade mit einem chaotischen Gewirr aus Slips. Das lässt sich mit Schubladenteilern leicht vermeiden.

Legen Sie einen Slip mit der Rückseite nach oben auf den Tisch. Die Seiten etwa auf Breite des Schrittteils umschlagen, dann den Slip quer zur Hälfte falten: Jetzt passt er bequem hinter ein BH-Körbchen oder in ein Fach eines Schubladenteilers. Sie können Ihre Höschen auch nach Farben sortiert flach in eine Schublade legen.

„Wunder"-Wäsche

Nicht alle Modelle halten, was sie versprechen. Trägerlose BHs bieten für die meisten Oberweiten zu wenig Halt, „unsichtbare" BHs betonen oft mehr als sie verbergen, und figurformende Höschen oder Strumpfhosen haben häufig unansehnliche Nähte. Überlegen Sie realistisch, was Sie wirklich tragen, und sortieren Sie alles aus, was seinen Zweck nicht optimal erfüllt. Wer ein paar kleine Figur-Geheimnisse braucht, sollte sie zusammen aufbewahren, sodass sie leicht zu finden sind.

WÄSCHE FÜR „BESONDERE ANLÄSSE"

Wenn Sie die Ihre verwegene Wäsche vor neugierigen Blicken verbergen (und sich selbst Schamesröte ersparen) möchten, sind Satinbeutel eine gute Lösung. Aber verstauen Sie sie auf keinen Fall ganz hinten in der Schublade, sonst müssen Sie womöglich so lange herumkramen, bis der leidenschaftliche Moment verpufft ist.

Strumpfhosen und Strümpfe

Meine Mutter ist Meisterin im Sockenzusammenlegen. Lachen Sie
ruhig – es ist wahr! Unsere Socken sahen immer glatt und ordentlich
aus. Ich habe die Technik von ihr gelernt. So wird es gemacht:

Die beiden Socken glatt aufeinander legen (die Fersen zeigen in dieselbe Richtung) und zur Hälfte falten.

Das Bündchen eines Strumpfs mit dem Daumen halten, dann die restlichen Lagen umkrempeln. Die Hand verschwindet dabei im Strumpf wie in einer Kasperpuppe, und hält die untere Lage fest. Mit der freien Hand streichen Sie nun die Lagen schön glatt.

Längere Strümpfe und Strumpfhosen können Sie ebenso zusammenlegen, die Beine müssen nur mehrfach gefaltet werden. Ordentlich zusammengelegte Strümpfe passen gut in einen Schubladenteiler, rutschen aber auch in einer normalen Schublade nicht so leicht durcheinander.

Badekleidung

Verstaut man Badekleidung in einer Schublade, entsteht oft ein wirres Chaos, und meist landen Bikinihöschen und -Oberteile in verschiedenen Ecken. Das lässt sich mit Bikini-Beuteln leicht vermeiden. Bevor unser Unternehmen solche Beutel fertigen ließ, haben wir Ziploc-Plastikbeutel aus der Haushaltswarenabteilung verwendet – ungemein praktisch, um Zusammengehörendes zusammen aufzubewahren.

Die Beutel erleichtern das Packen des Urlaubskoffers und sind auch praktisch für den Transport nasser Badekleidung. Denken Sie aber daran, nach der Ankunft den Bikini aus dem Beutel zu nehmen, gründlich auszuspülen und gut zu trocknen, damit das Material keinen Schaden nimmt.

Schuhe und Stiefel

Wir alle haben Lieblingsschuhe und –stiefel, die wir regelmäßig tragen. Das mögen fünf oder sechs Paar sein. Aber wissen Sie genau, wie viele Paar Schuhe Sie besitzen? Selbst wenn Sie nicht Imelda Marcos heißen, haben Sie vermutlich mehr Schuhe als Sie denken – einschließlich derer, die Sie so gut wie nie anziehen.

Ich besitze einige Paar Schuhe, die ich dauernd anziehe, aber auch ein ganzes Sortiment von Modellen, die nur zu einem bestimmten Outfit passen. Ich führe sie selten aus, habe sie aber gern zur Hand, weil sie ein wichtiges Element meiner Garderobe sind, und weil es mir wichtig ist, sie schnell und einfach zu finden.

Ich weiß nicht, wie Sie Ihre Schuhe aufbewahren, aber ich habe schon viel gesehen: Wirre Haufen aus Stiefeln und Schuhen auf dem Boden des Kleiderschranks, unter dem Bett, in Stapeln alter Schuhkartons oder durch die ganze Wohnung verteilt. Ganz frei sind wir wohl alle nicht von solchen Gewohnheiten. Aber wenn man seine Schuhe so aufbewahrt, riskiert man Schäden. Sie geraten aus der Form, bekommen Kratzer durch Reibung von Nieten oder Schnallen, Wildleder- und Stoffschuhe verstauben, Paare werden auseinandergerissen.

Über das Ordnen, Präsentieren und Aufbewahren von Schuhen habe ich durch meine Arbeit für Tamara Mellon, die Gründerin von Jimmy Choo, sehr viel gelernt. Sie können sich vorstellen, dass sie eine enorme Sammlung von Schuhen und Handtaschen besitzt. Aktuell umfasst ihr Schrank über 400 Paar, und weitere sind archiviert. Meine Aufgabe besteht darin, dafür zu sorgen, dass sie jedes Modell schnell und einfach findet.

Um das zu bewerkstelligen, habe ich sie zuerst nach Stilen sortiert – geschlossene Spitze, Peep-Toes, Sandalen, Keilabsätze, Hochfrontpumps, Ankleboots, langschäftige Stiefel oder was sonst gerade im Trend liegt. Jede Gruppe ist nach Farben sortiert, außerdem nach Materialien – Leder, Reptil, Lack und so weiter. So lässt sich jeder Schuhstil in einem bestimmten Material oder einer speziellen Farbe schnell finden. Und zwischen all den Regalen mit den sauber aufgereihten Schuhen fühlt man sich wie in einer eleganten Boutique.

Natürlich haben nur wenige Leute so viele Schuhe wie Tamara und Imelda. Aber bei meinen anderen Klientinnen wende ich dasselbe Rezept in abgewandelter Form an. Zuerst wird nach Kategorien sortiert – zum Beispiel die Flachen. Dann werden Untergruppen gebildet – Ballerinas, Schnürschuhe, Sportschuhe, Flip-Flops, Sandalen. Ebenso verfahren Sie mit anderen Absatzhöhen. Meine flachen Schuhe trage ich ständig, darum bewahre ich sie griffbereit in einem zweistöckigen Regal ganz unten in meinem Kleiderschrank auf.

Alle meine anderen Schuhe sind in Practical-Princess-Schuhkartons verstaut und auf der Vorderseite mit Fotos versehen. Unsere Schuhkartons funktionieren nach dem Schubladenprinzip. Ich habe sie entwickelt, nachdem ich mich jahrelang darüber geärgert habe, dass gestapelte Kartons mit Deckeln so schlecht zugänglich sind. Ständig brauchte ich Schuhe, die mitten im Stapel oder ganz unten lagerten. Beim Herausziehen des Kartons kippte meistens der Stapel um oder die Deckel gingen kaputt – was oft genug damit endete, dass ich wutentbrannt in Turnschuhen aus dem Haus stapfte.

Kartons sind ideal zum Aufbewahren von Schuhen, die man selten trägt. Ich vermeide Plastikboxen und empfehle Pappkartons, in denen die Schuhe atmen können. Fotos auf der Vorderseite sind sehr hilfreich, trotzdem sollten Sie die Schuhe nach Arten und Farben sortieren.

Wer schöne Schuhe auf Regalen zur Schau stellen möchte, sollte sie regelmäßig abstauben. So altmodisch es klingen mag: Ein Feder-Staubwedel ist dafür am besten geeignet.

Einschubhülsen aus Kunststoff verhindern, dass Stiefel im Knöchelbereich verknittern, wodurch das Leder brüchig werden kann. Außerdem stehen die Stiefel mit diesen Hülsen aufrecht.

YSL

YSL

PRACTICAL PRINCESS

Alexander McQueen

PRACTICAL PRINCESS

Nicholas Kirkwood

PRACTICAL PRINCESS

Cleo B

PRACTICAL PRINCESS

Jimmy Choo

Handtaschen

Auch Handtaschen werden oft ruppig behandelt. Sie fliegen in Schränken herum, werden aufeinander gestapelt oder so dicht zusammengezwängt, dass sie eine ganz neue Form bekommen.

Ich habe in meinem Leben schon viele schöne, aber schwer misshandelte Handtaschen gesehen. Es sollte einen Notruf geben, der dafür sorgt, dass die armen Dinger in die Hände eines würdigen Besitzers gelangen (ICH!). Hier finden Sie meine besten Tipps zur artgerechten Behandlung von Handtaschen.

Schauen Sie sich einmal auf einer Mode-Website wie Net-a-Porter die hinreißenden Handtaschen an. Sie werden feststellen, dass das Angebot nach Kategorien geordnet ist: Beuteltaschen, Schultertaschen, Shopper, Clutches und so weiter. Jeder Typ sollte auf die richtige Weise behandelt werden.

BEUTELTASCHEN UND SCHULTERTASCHEN
Beuteltaschen mit steifen Griffen sind oft verbeult, weil sie auf Regalen aufbewahrt werden, die nicht tief genug sind. Es sollte so viel Platz vorhanden sein, dass die Griffe aufrecht stehen können – notfalls auf dem Boden des Kleiderschranks. Füllen Sie einen Plastikbeutel oder eine Staubschutzhülle mit alten Zeitungen oder Seidenpapier und stecken Sie das in die Tasche. Diese Polsterung hält die Tasche in Form und kann immer wieder verwendet werden.

Die meisten Schultertaschen müssen in Form gehalten werden, zurzeit sieht man aber auch viele flache Modelle. Die Modebranche führt sie unter vielen Bezeichnungen, ich will sie der Einfachheit halber Shopper nennen.

Manche Leute bewahren ihre Taschen in den Staubschutzhüllen auf. So sind sie gut geschützt, werden aber selten benutzt: Aus den Augen, aus dem Sinn.

Die brauchen nicht ausgestopft zu werden. Stattdessen kann man sie flach hinlegen oder dekorativ an Haken oder Griffe hängen.

CLUTCHES

Clutches gibt es in allen Formen und Größen, von riesengroß bis winzig und verziert. Am besten bewahrt man sie auf Regalen oder in Schubladen auf, jedoch möglichst nicht liegend, sondern aufrecht stehend wie Bücher. So hat man alle im Blick und Beschädigungen lassen sich leicht vermeiden.

Füllen Sie einen Plastikbeutel
oder eine Staubschutzhülle mit
alten Zeitungen oder Seidenpapier und stecken Sie das in die
Tasche.
Diese Polsterung hält die Tasche
in Form und kann immer
wieder verwendet werden.

Gürtel

Obwohl ich mehrere sehr praktische Aufbewahrungssysteme verwende, machen mir Gürtel immer wieder Kopfzerbrechen, weil es so viele verschiedene Formen und Größen gibt.

Die meisten Gürtel lassen sich schneckenartig aufrollen. Die Schnalle sollte dabei außen liegen. Ein einfaches Gummiband sorgt dafür, dass der Gürtel schön gerollt bleibt. Ordnen Sie die Gürtel dann nach Art und Farbe. Zum Aufbewahren eignen sich Schubladen, Schachteln oder flache Kästen.

Sehr breite Gürtel können sich in der Konstruktion unterscheiden. Am besten bewahrt man sie flach liegend auf.

Gürtel im Korsett-Stil dagegen sollten stehend gelagert werden. Um Platz zu sparen, kann man ins Innere einen aufgerollten Gürtel legen.

Kummerbunde müssen behutsam zusammengefaltet werden. Falls sie zusammengehalten werden müssen, verwenden Sie dafür kein Gummiband, sondern textiles Band.

Eine Alternative besteht darin, Gürtel aufzuhängen. An Haken oder Hakenleisten sind sie dekorativ und übersichtlich verstaut. Wenn Ihr Kleiderschrank tief genug ist, können Sie auch an den Innenseiten der Türen Haken befestigen. Achten Sie aber darauf, dass die Gürtel nicht an der Kleidung reiben.

Modeschmuck

Klunkerige Ketten hänge ich gern auf. Das sieht toll aus, und sie verheddern sich nicht so leicht. Haken lassen sich problemlos auf der Innenseite einer Schranktür oder einer begrenzten Wandfläche anbringen. Wenn Sie Platz sparen möchten, können Sie bedenkenlos zwei oder drei Ketten auf einen Haken hängen.

Eine gute Alternative ist die Aufbewahrung in einer Schublade. Das Innere der Schublade sollten Sie mit Samt oder Wildlederimitat auskleiden, das mit doppelseitigem Klebeband festgeklebt wird. Die raue Oberfläche verhindert, dass die Ketten verrutschen und sich mit anderen Schmuckstücken verheddern.

Ringe, Ohrringe und Broschen sind am besten in Schmuckkästen mit mehreren kleinen Abteilen untergebracht. Ich bevorzuge Kästen aus Acrylglas, die man aufeinander stapeln oder in Schubladen stellen kann. Auch Ketten lassen sich in solchen Kästen verstauen, man muss aber ebenfalls aufpassen, dass sie sich nicht verheddern. Zur Aufbewahrung von Armreifen und Armbändern eignen sich Halter für Küchenrollen, die man im Haushaltswarengeschäft in vielen Ausführungen bekommt.

PHILIP TREASURE
LONDON

Hüte

Hüte werden beim Organisieren des Kleiderschranks leicht vergessen. Dabei sollten sie möglichst sichtbar und griffbereit verstaut werden, denn ein Hut kann manches Outfit erheblich aufwerten.

Die gute, alte Hutschachtel ist ein ausgezeichnetes Behältnis für den traditionellen Ascot, den Hochzeitshut oder einen Fascinator. Solche Modelle sollten in Schachteln aufbewahrt werden, weil man sie nur selten ausführt. Machen Sie sich aber die Mühe, die Schachtel zu beschriften oder ein Foto des Inhalts auf die Vorderseite zu kleben.

Hüte für den Alltagsgebrauch, vielleicht einen Trilby oder eine witzige Kappe, kann man in Regalen oder Schubladen aufbewahren oder an Haken hängen. Baseball-Caps, Panama-Hüte, Strohhüte und Trilbys dürfen sogar gestapelt werden. Unterschätzen Sie nicht den Dekorationswert solcher Arrangements!

Schals und Tücher

Schals und Tücher gibt es in allen Variationen. Die meisten lassen sich gut zusammenfalten und in Schubladen verstauen.

Problematischer sind Tücher aus seidigen Materialien. Manche kann man einfach zu einem Quadrat falten und in eine Schublade legen – am besten schuppenartig überlappend, damit das Muster erkennbar ist. Feine Kaschmirtücher und Knitterschals aus Baumwolle, die gerade im Trend liegen, kann man zusammendrehen oder locker aufrollen und in Schachteln oder Schubladen verstauen.

Die gemeine Kleidermotte

Tineola bisselliella, besser bekannt als Kleidermotte, gehört nicht zu den Faltern, die vom Licht angezogen werden. Im Gegenteil, sie ist ausgesprochen lichtscheu. Die kleinen Teufel treiben sich lieber in den dunkelsten Ecken von Kleiderschränken herum.

Die unscheinbaren Kleidermotten sind nur 6–8 mm groß und haben strohfarbene Flügel ohne Zeichnung. Eigentlich sehen sie ganz elegant aus, etwa wie eine champagnerfarbene Concorde. Ihre cremeweißen Larven sind bis 10 mm lang und haben einen braunen Kopf. Erwachsene Motten fressen keine Textilien, aber die Weibchen legen Eier, und aus diesen schlüpfen die Larven, die sich über den Stoff hermachen und ein Muster aus unregelmäßigen Löchern hinterlassen. Motten können sich unter Bodendielen und Teppichen verstecken, in Teppichen, Polstermöbeln, Lüftungsschächten, antiken Möbeln und sogar in den Filzpolstern von Klavieren.

Ich hatte schon mit Motten zu tun. Wenn Sie auch welche haben, mein Beileid! Der Befall glich einer Epidemie, und ich habe keine Ahnung, woher sie kamen. Vermutlich habe ich sie mir mit Kleidung aus dem Second-Hand-Laden eingefangen. Hätte ich den Einkauf sofort in die chemische Reinigung gebracht oder eine Weile in einem verschlossenen Plastikbeutel gelassen, hätte ich viel Zeit und Geld sparen können. Ich habe alle Tipps und Tricks ausprobiert, aber nichts half. Um nicht restlos zu verzweifeln und meine Kleider vor dem Mottentod zu retten, wandte ich mich schließlich an eine Firma, die Schädlinge bekämpft.

Ehe die Firma zur Tat schritt, musste ich sämtliche Textilien im Haus – auch Bettwäsche, Handtücher, Steppdecken und Kuscheltiere – reinigen lassen oder waschen. Die sauberen, trockenen Textilien wurden in Plastiksäcken verstaut, damit sie nicht wieder befallen wurden. Überall stapelten sich Müllsäcke. Und mir musste es völlig egal sein, wie ich aussah, weil der Großteil meiner Kleidung meinem Zugriff entzogen war.

Nachdem die Wohnung samt Vorhängen, Teppichen und Polstermöbeln mit einem Insektizid eingesprüht war, durfte ich alles wieder einräumen. Vorher putzte ich wie eine Besessene. Obwohl die Kosten für chemische Reinigung und Schädlingsbekämpfer mein Konto in die Knie gezwungen hatten, und obwohl ich von all dem Waschen, Putzen und Bügeln völlig erschöpft war, fühlte ich mich danach sehr zufrieden. Ich war diese verflixten Motten los – und das Haus war noch nie so sauber gewesen.

Ich hoffe, dass Ihnen so ein Drama erspart bleibt. Für mich war es aber auch eine Erfahrung, die mir in meinem Beruf weiter hilft. Erstens weiß ich, wie man einer Mottenplage Herr werden kann, und zweitens kann ich die Panik meiner Klientinnen nachfühlen, wenn die Textilfresser zum Angriff blasen.

Diese Tipps sollten Sie beachten, damit gar nicht erst Probleme auftreten:

- Kleidung aus dem Second-Hand-Laden direkt in die Reinigung bringen – erst anschließend nach Hause.
- Dasselbe gilt für gebrauchte oder antike Polstermöbel und Teppiche.
- Regelmäßig unter Betten, Schränken und anderen großen Möbeln staubsaugen. Fußleisten sauber halten.
- Den Staubsaugerbeutel häufig wechseln. Dort legen Motten gern Eier ab.
- Schränke und Schubladen einmal im Monat mit einem chlorfreien Reiniger auswischen. Besonders gut sind Produkte auf Lavendelbasis.
- Niemals getragene Kleidung in den Schrank legen. Motten lieben das und sind ganz wild auf Kleidung mit Spuren von Schweiß und anderen Absonderungen.
- Kontrollieren Sie Ihre Kleidung regelmäßig. Dabei ist eine Fusselbürste hilfreich.
- Mottenkugeln sind ein bewährtes Mittel, um Motten fern zu halten. Sie sind aber giftig, riechen unangenehm und sind keine Option für Haushalte mit kleinen Kindern oder Haustieren.
- Zedernholz hilft gegen kleinere Mottenlarven, aber nicht gegen große. Insgesamt ist es nicht so wirkungsvoll wie viele Leute glauben.
- Sehen Sie sich im Drogeriemarkt nach umweltfreundlichen Mitteln gegen Motten um, z.B. Produkten auf Lavendelbasis.

BEKÄMPFUNG

- Chemische Reinigung
- Waschen bei einer Wassertemperatur von mindestens 50 °C. (Bei einigen meiner Stücke hat auch Handwäsche bei niedrigerer Temperatur ausgereicht, aber dafür möchte ich keine Garantie geben.)
- Einfrieren. Eine gute Lösung für Kaschmir und andere empfindliche Fasern, die man nicht heiß waschen kann. Einfach in einen Gefrierbeutel stecken, verschließen und 24 Stunden in die Tiefkühltruhe legen.
- Läufer und Wolldecken können Sie im Freien bei praller Sonne aufhängen. Vorsicht, sie können ausbleichen. Danach gründlich entfusseln.
- Rufen Sie bei starkem Befall einen Fachbetrieb. Die Bekämpfungsmethoden sind von Firma zu Firma verschieden, aber die meisten setzen hochwirksame Insektizide ein.

Was fehlt?

Inzwischen haben Sie Ihre Kleidung nach Arten und Farben geordnet wieder eingeräumt. Ihr Schrank dürfte jetzt ganz anders aussehen. Sie haben nicht nur für Ordnung und Übersicht gesorgt, sondern auch den nächsten Schritt vorbereitet. Wenn Sie nun anschauen, was in Schrank und Schubladen übrig geblieben ist, können Sie bestimmte Muster erkennen, beispielsweise Wiederholungskäufe.

Wenn ich mit einer Klientin zusammenarbeite, schreiben wir in dieser Phase eine praktische und realistische Einkaufsliste. Ob die Kundin allein oder mit mir einkaufen geht: so eine Liste hilft, Impulskäufe zu vermeiden und reduziert den „Elsterntrieb".

Behalten Sie beim Zusammenstellen der Einkaufsliste Ihren Kleiderschrankinhalt im Kopf und ihr Ziel im Blick. Schauen Sie die Bestände ruhig noch ein-

mal durch, um zu erkennen, was Ihnen fehlt. Etwas hiervon zum Beispiel?

BASICS
Das Fundament der Garderobe: Trägertops, T-Shirts, Leggings, Strickjacken und dergleichen in verschiedenen Farben (die regelmäßig aktualisiert werden sollten).

GRUNDGARDEROBE
Dies sind die wichtigsten Bausteine, die möglichst in Stil und Farbe gut zusammenpassen sollten. Dazu gehören Röcke und Hosen, Jeans, Jacken, Mäntel und Kleider.

AKTUELLES
Ob witzige Accessoires oder Jeans im angesagten Schnitt – ein paar Teile genügen, um in jeder Saison trendy auszusehen.

LOUNGEWEAR
Bequeme Kleidung, in der man es sich zu Hause gemütlich machen kann – die aber gut genug aussieht, um damit schnell Brötchen holen zu gehen.

URLAUBSKLEIDUNG
Badeanzug, Pareo, Sonnenhut, Strandkleid & Co.

WÄSCHE
Trägerlose BHs und nahtlose Slips in Hauttönen, Schwarz und Weiß. Der Rest ist Ihre Privatangelegenheit.

SCHUHE UND TASCHEN
Prima zum Aufpeppen der Garderobe, sie sollten aber alltagstauglich sein. Lassen Sie die klitzekleine Clutch und die halsbrecherischen Highheels stehen, bis Sie das Wesentliche angeschafft haben.

ACCESSORIES
Schlichte Kleidung lässt sich mit Gürteln, Modeschmuck und Schals leicht und schnell modisch stylen.

Besondere Anlässe
Passende Kleidung für Hochzeit oder Taufe, Pferderennen, feierliche Preisverleihung, glamouröse Party – oder um Ihren Oscar entgegen zu nehmen.

KOMBI-STÜCKE
Sie ziehen manche Lieblingsstück nie an, weil sie nichts haben, das dazu passt?

Wenn Sie – immer unter Berücksichtigung Ihres Lebensstils – die Lücken in Ihrem Schrank entdeckt haben, dürften Sie keine Mühe haben, eine Einkaufsliste zu schreiben. Bevor das Shopping-Fieber Sie erfasst, kümmern Sie sich um die simplen Basics. Langweilig, ich weiß – es macht nicht so viel Vergnügen, das sauer verdiente Geld für ein weißes T-Shirt oder eine schwarze Strickjacke anzulegen. Es bremst den Spaß, wenn man danach zu Hause die Tüten auspackt, und nichts Aufregendes dabei ist, das man unbedingt jemandem zeigen muss. Und doch: Die Basics sind das Gerüst der Alltagskleidung. Es wertet jedes Outfit ab, wenn die Basics fehlen oder in schlechtem Zustand sind.

Ebenso wichtig ist die Grundgarderobe, denn sie drückt Ihren Stil aus. Diese Stücke dürfen ein modisches Element haben, sollten generell aber eher zum Klassischen tendieren.

Klassiker können Sie zu fast jeder Gelegenheit tragen, ohne dass jemand auf die Idee käme, Sie hätten vielleicht nur ein Outfit. Das liegt daran, dass man sie wunderbar miteinander und auch mit vielen modischen Stücken kombinieren kann.

Die Grundgarderobe muss auf die individuellen Bedürfnisse abgestimmt sein. Meine umfasst beispielsweise gute Jeans, die ich bei der Arbeit tragen kann, mehrere Blazer und Lederjacken, einen schmalen Rock und einige Kleider, die ich tagsüber und abends gleichermaßen gut tragen kann. Damit bin ich in meinem Alltag immer gut angezogen.

Wenn Sie das Wesentliche notiert haben, können Sie über Stücke nachdenken, die Sie besonders mögen oder die perfekt zu Ihrem Stil passen – vielleicht Schuhe, Taschen oder Accessoires. Damit steht die Grundlage einer vernünftigen, ausgewogenen Einkaufsliste.

Einkaufen

Bereiten Sie sich vor! Ihr Einkauf verläuft erfolgreicher, wenn Sie gut aussehen und selbstsicher sind.

Aussehen und Selbstbewusstsein

Ich möchte ja nicht wie die Rektorin eines Mädchenpensionats klingen, aber einige Regeln sollten Sie beim Einkaufen schon beachten. Aus Erfahrung weiß ich, dass meine Einkaufstouren erfolgreicher verlaufen, wenn ich gut aussehe und mich wohl fühle. Das mag Ihnen unwahrscheinlich vorkommen, aber ich habe schon Klientinnen erlebt, die buchstäblich in sich zusammengesunken sind, weil ihnen die Selbstsicherheit abhanden kam.

Darf ich es an einem Beispiel erklären? Mitten im Februar, wenn es bei uns eisig kalt ist, ging ich mit einer Klientin Kleidung für Frühling und Sommer einkaufen. Nach einem Winter in langen Hosen sahen ihre Beine – wie die der meisten Frauen – nicht makellos aus. Darum widerstrebte es ihr, Röcke und Kleider anzuprobieren. Als sie sich schließlich doch überwand, kam sie zögerlich und unbeholfen aus der Kabine. Entsetzt sah ich, dass sie noch ihre bräunlichen Kniestrümpfe anhatte. Kein toller Anblick! Erst als ich die Hosenbeine hochzog und meine käseweißen Storchenbeine vorzeigte, konnte sie über die Situation lachen.

Die Moral von der Geschichte? Ihr Einkauf verläuft erfolgreicher, wenn Sie gut aussehen und selbstsicher sind. Das gilt sogar, wenn Sie Kleidung bestellen und zu Hause anprobieren. Studieren Sie die folgende Checkliste genau, auch wenn Ihnen manches selbstverständlich erscheint.

- Wenn Sie Badekleidung kaufen wollen, enthaaren Sie Ihre Beine und trimmen Sie die Bikinizone.
- Greifen Sie ruhig zum Selbstbräuner, wenn Sie sich bleich fühlen.
- Wenn Sie normalerweise Make-up tragen, gehen Sie nicht ungeschminkt einkaufen.
- Ihre Haare sind Ihr bestes Accessoires – bringen Sie sie in Topform.
- Ziehen Sie gute Unterwäsche an. Keine Rüschen, die sich abzeichnen, sondern einen gut sitzenden, nahtlosen Slip und einen T-Shirt-BH.
- Wählen Sie Kleidung und Schuhe, die Sie schnell an- und ausziehen können.
- Setzen Sie auf den Zwiebellook, weil Geschäfte ganz unterschiedlich beheizt sein können. Wer friert oder schwitzt, fühlt sich unwohl und kann sich schlecht konzentrieren.

Was müssen Sie mitnehmen?

Natürlich sollen Sie nicht mit Taschen bepackt zum Einkauf aufbrechen, aber ein paar Dinge müssen Sie schon bei sich haben.

Ich werde Ihnen nicht vorschlagen, Ihre Highheels mitzunehmen. Manche Geschäfte stellen für Kundinnen, die Kleider anprobieren, passende Schuhe zur Verfügung. Ansonsten können Sie improvisieren und sich auf Zehenspitzen stellen.

Nehmen Sie aber unbedingt Kleidung mit, zu der Sie etwas Passendes finden wollen. Es ist kaum möglich, sich Farbe, Stoffstruktur und Schnitt ganz genau einzuprägen, und selbst wenn Sie ein gutes Auge haben, kann Ihr Gehirn Ihnen einen Streich spielen.

Packen Sie auch Ihre Einkaufsliste ein, damit Sie nichts Wesentliches vergessen. Setzen Sie sich eine Kostengrenze, stecken Sie genug Geld ein und lassen Sie die Kreditkarte zu Hause.

Wohin gehen?

Neben Wohnort und Budget hat auch Ihre Einkaufsliste Einfluss
darauf, wo Sie Ihre Einkaufe erledigen.

Im Stadtzentrum, der Fußgängerzone oder dem Einkaufszentrum findet man
viele Geschäfte mit Waren in verschiedenen Preisklassen in unmittelbarer
Nachbarschaft. Hier haben Sie gute Chancen, Basics und Grundgarderobe zu
finden, darum sollten Sie Ihren Einkauf hier beginnen, statt die „langweiligen"
Käufe auf später zu verschieben. Die Wichtigkeit dieser Stücke kann ich nicht
oft genug betonen. Kaum ein Outfit kommt ohne sie aus, und obendrein sind

sie vielleicht später beim Anprobieren anderer Stücke nützlich. Sie werden es bedauern, wenn Sie Ihr Budget ausgeschöpft haben, bevor das Wesentliche gekauft ist.

Designer-Jeans werden in zahllosen Varianten angeboten, weil sie heute eine feste Größe im Kleiderschrank jeder Frau sind. Selbst Frauen in Führungspositionen können in fast allen Firmen Jeans und Blazer tragen. Spezielle Jeans-Shops gibt es überall, aber mein persönlicher Favorit ist Donna Ida in London. Wegen des großen Angebots und der kompetenten Mitarbeiter werde ich dort fast immer fündig.

Für individuellere Stücke lohnt sich ein Bummel durch kleinere Boutiquen oder Läden von unabhängigen Designern. Auch auf Märkten und in guten Second-Hand-Läden kann man gute Beute machen.

Vintage liegt im Trend, darum gibt es zurzeit eine Menge guter Second-Hand-Läden. Manche Leute haben Talent dafür, wahre Schätze zu entdecken. Aber Vorsicht, wenn Sie kein so gutes Auge haben. Vintage ist noch lange kein Garant dafür, dass etwas gut aussieht. Lassen Sie es nicht so weit kommen, dass man denken möchte, Sie hätten sich aus der Verkleidekiste der Kinder bedient.

Second-Hand-Läden, die sich auf Designermode spezialisiert haben, lohnen fast immer einen Besuch – nicht nur, um Aussortiertes abzugeben. Viele Läden sind anspruchsvoll und nehmen nur Kleidung an, die wie neu aussieht. Mit etwas Glück kann man dort neuwertige Ware für einen Bruchteil des Neupreises ergattern.

In den letzten zehn Jahren wurden immer mehr Designer-Outlets eröffnet. Sie bieten Mode zu Preisen an, die für jeden erschwinglich sind. Outlet-Center liegen oft in den Außenbezirken größerer Städte und sind nicht immer leicht zu erreichen. Wenn Ihnen die Anfahrt zu umständlich ist, schauen Sie sich im Internet um, zum Beispiel bei www.theoutnet.com oder im Fashion-Outlet auf eBay. Kaufen Sie trotzdem nicht gedankenlos ein, nur weil etwas besonders günstig ist. Brauchen Sie es wirklich? Steht es auf Ihrer Liste?

Neue Kollektionen kommen immer früher in den Handel und werden auch früher reduziert. Das macht den Einkauf manchmal schwierig, weil man sich schon im Februar um Sommerkleider oder im August um den neuen Winter-mantel kümmern muss. Wer aber den Einkauf bis zum Saisonbeginn auf-schiebt, muss damit rechnen, dass die passende Größe ausverkauft ist, um dann reihenweise reduzierte Stücke durchzustöbern und am Ende doch mit leeren Händen nach Hause zu kommen. Natürlich haben die frühzeitigen Reduzierungen auch ihr Gutes, denn man kann oft mitten in der Saison die neuesten Trends für wenig Geld ergattern.

Wer bei einem Kauf unsicher ist, sollte sich unbedingt nach den Rückgabe-bedingungen erkundigen. In manchen Geschäften bekommt man sein Geld zurück, in anderen dagegen einen Einkaufsgutschein, der nicht in anderen Läden eingelöst werden kann. Marktstände und Second-Hand-Läden schließen die Rücknahme manchmal ganz aus. Zur Rückgabe ist in jedem Fall der Kaufbeleg erforderlich. Legen Sie alle Quittungen und Kassenzettel in Ihre Brieftasche, denn in Einkaufstüten gehen sie zu leicht verloren.

Im Geschäft

Manche meiner Kundinnen haben mir erklärt, dass sie den Überblick verlieren, wenn sie allein einkaufen gehen. Kleider sehen sie nur noch als Gewirr von Farben, alles verschwimmt. Ich kann das Gefühl gut verstehen und habe es in großen Geschäften schon selbst erlebt.

Das beste Mittel gegen die Reizüberflutung besteht darin, sich nur einen kleinen Bereich des Geschäfts vorzunehmen und sich dann systematisch vorzuarbeiten. Schauen Sie sich die Dinge in Ruhe nacheinander an, statt alles mit einem großen Rundumblick erfassen zu wollen.

Die meisten Kaufhäuser sind in Abteilungen gegliedert, und diese sind wiederum nach Modethemen, Designern oder Kleidungstypen unterteilt. Orientieren Sie sich an dieser Aufteilung, um die Ruhe und die Konzentrationsfähigkeit zu behalten.

BÜGEL-APPEAL

Beim Gang durch die Abteilungen wird Ihr Blick an geschickt präsentierten Modellen – meist an Schaufensterpuppen – hängen bleiben. Solche Köder sollen Sie neugierig machen und zum Nähertreten veranlassen.

Manche dieser Modelle sind es bestimmt wert, anprobiert zu werden. Aber lassen Sie die weniger auffällig präsentierten Stücke nicht außer Acht. Manche sehen auf dem Bügel gar nicht so ansprechend aus, wirken aber angezogen so gut, dass sie zu einem Grundbaustein Ihrer Garderobe werden können.

Gefaltete Kleidungsstücke sehen sich sehr ähnlich. Nehmen Sie sich Zeit, genau hinzuschauen, denn in Stil und Schnitt unterscheiden sie sich oft – und Sie wollen doch kein Prachtexemplar übersehen!

Die ungeliebte Kabine

Meist darf man in die Umkleidekabine nur eine begrenzte Anzahl von Stücken mitnehmen. Es kann umständlich sein, wenn Sie mehr anprobieren möchten. Gehen Sie das Problem logisch an. Nehmen Sie bei einem Gang alle Kleider und Overalls mit, zu denen Sie kein passendes Kombi-Teil brauchen. So können Sie auch Schnitt und Sitz besser vergleichen. Wenn Sie mehrere Oberteile anprobieren wollen, denken Sie daran, auch passende Röcke oder Hosen mitzunehmen.

Wenn Sie einige Stücke wieder aussortieren, können Sie neue in die Anprobe holen. Informieren Sie aber die Mitarbeiterin des Geschäfts, welche Modelle Sie noch probieren möchten, damit diese nicht vorzeitig wieder in den Verkaufsraum gebracht werden.

Einige Geschäfte halten ihr Personal an, bei der Anprobe zu helfen und zu beraten. Ich will niemandem Übles nachsagen, aber es kommt schon vor, dass Kundinnen zum Kauf eines Stücks überredet werden, von dem sie nicht ganz überzeugt sind – vor allem, wenn die Verkäuferin eine Provision bekommt.

ANPROBIEREN

Unvorteilhafte Beleuchtung, das eigene Spiegelbild an allen Wänden und ganz neue Speckpolster oder Cellulite-Muster, die gestern noch nicht da waren – kennen Sie das? Es kostet etwas Überwindung, sich in der Kabine eines Geschäftes auszuziehen. Aber seien Sie beruhigt, das geht allen Frauen so – auch denen, die mit ihrem Körper ganz einverstanden sind.

Ich will hier nicht viel über vorteilhafte Mode für verschiedene Figurtypen und Konfektionsgrößen sagen – dazu kann man in Zeitschriften und Büchern genug lesen. Trotzdem bin ich nicht überzeugt, dass man automatisch vorteilhaft aussieht, wenn man alle Regeln befolgt.

Beim Einkaufen mit meinen Klientinnen habe ich festgestellt, dass sie oft viel zu nahe vor dem Spiegel in der Umkleidekabine stehen und die Körperpartien anstarren, die sie nicht mögen. Überlegen Sie einmal: Wenn Sie jemanden ansehen, betrachten Sie die Person im Ganzen, oder konzentrieren Sie sich auf einen Teilbereich? Ich finde, man sollte Menschen immer als Ganzes betrachten. Meinen Sie nicht auch?

Beim Einkauf mit Klientinnen besteht meine Aufgabe darin, objektiv zu sein. Ich soll darauf achten, ob Passform und Proportionen korrekt sind und ob das Stück ihr steht. Da ich Sie nicht in die Kabine begleiten kann, möchte ich Ihnen einige bewährte Tipps geben.

Treten Sie ein Stück vom Spiegel zurück, möglichst mehrere Meter. Eventuell müssen Sie dafür die Kabine verlassen und einen anderen Spiegel suchen. Vielleicht fühlen Sie sich dabei etwas unbehaglich, aber so können Sie sich so betrachten, wie andere Sie sehen. Und Sie können besser beurteilen, ob das Modell gut sitzt und Ihnen steht.

BITTE BEACHTEN!
• Stehen Sie richtig? Schultern nach hinten, Bauch einziehen, Hals aufrichten, Blick geradeaus?
• Stellen Sie sich das Outfit im Ganzen vor. Wenn Sie keine passenden Schuhe dabei haben, stellen Sie sich auf Zehenspitzen.
• Ziehen Sie Strümpfe oder Strumpfhose aus, wenn sie nicht Teil des Outfits sind. Sonst können sie den Eindruck verfälschen.
• Versuchen Sie, objektiv zu sein, aber nicht negativ. Sehen Ihre Proportionen einigermaßen ausgewogen aus? Oder betont das Kleidungsstück eine Partie unvorteilhaft?
• Trage ich das Outfit, oder trägt das Outfit mich? Manchmal darf es gern etwas dezenter sein.

Treten Sie nun wieder näher an den Spiegel heran – aber nicht näher als einen Meter. Prüfen Sie jetzt die Details. Sitzen die Nähte gut, spannt oder klafft etwas? Manchmal ist figurformende Unterwäsche (einschließlich BH) hilfreich. Am besten ziehen Sie sie vor dem Einkauf an oder nehmen sie mit. Es ist riskant, etwas aufgrund der Vorstellung zu kaufen, dass es mit anderer Wäsche besser sitzen könnte. Meist enden solche Versuche mit einer Enttäuschung und einem Umtausch.

Ihr Stil

Haben Sie sich je gefragt, wodurch Ihr Stil sich ausgebildet hat? Nicht nur Zeitschriften, prominente Vorbilder, Musik und Kunst spielen dafür eine Rolle, sondern oft – und meist unbewusst – auch Freunde und Bekannte.

Unbewusst tragen viele Menschen eine Uniform. Damit meine ich nicht die einheitliche Kleidung englischer Schulen. Aber sehen Sie sich einmal auf der Straße um: Menschen bestimmter Gruppen ähneln einander. Das gilt für Teenager beiderlei Geschlechts ebenso wie für Rentner.

Dies könnten Sie tun, wenn Sie Ihren Stil ein bisschen ausfeilen und aktuell halten wollen:

- Überlegen Sie beim Blättern in Modezeitschriften, ob Sie die Kleidung oder die Models anschauen. Decken Sie einmal das Gesicht eines Models mit dem Daumen ab. Gefällt Ihnen das Outfit immer noch?
- Setzen Sie auf schlichte Kleidung, und spielen Sie mit Accessoires. Das ist der schnellste und einfachste Weg, immer wieder anders auszusehen.
- Denken Sie an Ihre Haare! Sie haben sie ständig auf dem Kopf, und dabei kann die Frisur das Aussehen drastisch verändern.
- Probieren Sie auch mal etwas an, das gar nicht in Ihr Raster passt. Vielleicht erleben Sie eine positive Überraschung.
- Biegen Sie sich Trends so zurecht, dass Sie sich damit wohl fühlen. Sie müssen nicht jede Mode restlos mitmachen und dürfen auch gern mixen.
- Wenn Ihnen die Modefarben der Saison nicht stehen, wählen Sie Accessoires oder Kleidungsstücke, die nicht direkt am Gesicht getragen werden.
- Denken Sie daran, wie stark das Make-up Ihren Look verändern kann. Das gilt auch für den Hautton und die Augenbrauen.
- Weniger ist mehr. Wenn Sie unsicher sind, setzen Sie auf ganz schlichte Outfits. Damit kann man nichts falsch machen.
- Sie sind nicht an einen Stil gebunden. Mode soll Spaß machen, und sie verändert sich. Genau wie wir Menschen.
- Zeigen Sie durch Ihren Stil, wer Sie sind.

Einkaufen für besondere Anlässe

Solche Einkäufe können in wahren Stress ausarten. Selbst wenn wir gut vorbereitet sind, schieben wir sie oft bis zum letzten Moment hinaus.

Outfits für besondere Anlässe kommen oft nur einmal zu Ehren. Die Art des Anlasses und der Dress Code bestimmen, was wir tragen können. Und natürlich wollen wir umwerfend aussehen. Ob Taufe oder Hochzeit, Pferderennen oder die Party des Jahres: Bei der Kleiderwahl gehen wir oft impulsiv vor – und mit wenig Verstand. Versuchen Sie, das zu vermeiden, sonst ziehen Sie das gute Stück womöglich nie wieder an. Viel klüger ist es, etwas Zeitloses zu wählen, am besten uni und mit klaren Linien. Solche Modelle sind vielseitiger und kommen nicht zu schnell aus der Mode. Variieren Sie immer wieder neu mit Hüten, Handschuhen, Schmuck, Schuhen und Handtaschen.

Es tut dem Selbstbewusstsein enorm gut, vor dem Event zum Frisör zu gehen. Haarteile können ungemein aufregend aussehen – aber nur, wenn sie von einem erfahrenen Fachmann angelegt werden. Etwas Selbstbräuner und ein professionelles Make-up sind ebenfalls gut für den Wow-Faktor. Wenn ich bei der Vorbereitung besonderer Anlässe Unterstützung brauche, wende ich mich an das Londoner Unternehmen InParlour: Die Mitarbeiter kommen nach Hause, was mir viel Zeit spart. Ich habe in den letzten Jahren auch den Make-up-Service von MAC und anderen Firmen gelegentlich in Anspruch genommen.

Wer sich zum ersten Mal ein professionelles Make-up gönnen will, sollte mit einem eher natürlichen Look beginnen. Sonst kann es Ihnen passieren, dass Sie Ihr eigenes Spiegelbild nicht erkennen. Denken Sie daran: Es ist immer einfacher, noch etwas nachzulegen. Und das Wichtigste ist doch, dass Sie sich behaglich und selbstbewusst fühlen.

Reisegepäck

Jeder hat seine ganz eigenen Packgewohnheiten. Manche packen schon eine oder zwei Wochen vorher, andere erst, wenn sie eigentlich auf dem Weg zum Flughafen sein müssten. Beide Methoden haben ihre Nachteile. Wer zu früh beginnt, kann vergessen, was schon eingepackt ist, und Überflüssiges mitnehmen. Es kann auch sein, dass man Kleidung wieder aus dem Koffer zerren muss, weil man sie vor der Reise doch noch braucht. Stopft man alles im letzten Moment in den Koffer, packt man entweder zu viel oder zu wenig ein. Nichts passt zusammen, und die zerknitterten, schlecht abgestimmten Kleidungsstücke lassen Sie im Urlaub nicht gerade gut aussehen.

GUT VORBEREITET

Ziel und Länge der Reise haben Einfluss darauf, was eingepackt werden muss. Legen Sie rechtzeitig heraus, was Sie für notwendig halten und was Sie gern mitnehmen möchten. Überlegen Sie realistisch, wie viele Outfits Sie brauchen, und achten Sie darauf, dass sich alles miteinander kombinieren lässt. legen Sie auch Unterwäsche, Nachtzeug und Sportkleidung bereit – diese Dinge vergisst man leicht! Vielleicht stellen Sie fest, dass sie zu viel ausgesucht haben. Das geht uns allen so. Also muss aussortiert werden, und zwar realistisch. Ein Kleiderständer ist dabei sehr hilfreich. Wenn man die Urlaubsgarderobe aufhängt, kann man gut beurteilen, wie die Teile zusammenpassen.

Überlegen Sie, um welche Tageszeit Sie ankommen und was Sie dann tun werden. Legen Sie separat, was Sie zuerst brauchen werden. Der Bikini für den Strand, der Skianzug für die Piste oder das Nachtzeug sollten griffbereit ganz oben liegen, damit Sie nicht den sorgfältig gepackten Koffer durchwühlen müssen und Ihre ganze Kleidung zerknittern.

RICHTIG PACKEN

Packen Sie nur saubere, gebügelte Kleidung ein. Hartschalenkoffer auf Rollen gefallen mir am besten, weil die Kleidung in ihnen nicht so leicht zerknittert. Größere Kleidungsstücke legen Sie flach unten in den Koffer – je weniger sie gefaltet werden, desto besser. Seidenpapier schützt die Kleidung vor anderen Stücken, durch die sie zerkratzt oder anderweitig beschädigt werden könnte. Die zweite Lage bilden Teile, die sich gut falten lassen, etwa T-Shirts, Jeans, Shorts und so weiter. Lücken werden mit Socken, Unterwäsche und anderen kleinen Teilen gefüllt, um einen ebenen Untergrund für die nächste Lage zu erhalten. Schuhe – paarweise in Beuteln verpackt – legen Sie an den Rand des Koffers. In der Mitte bleibt dann Platz für andere größere Stücke, etwa Handtaschen, Kulturtasche, Lederjacke oder Regenkleidung.

Waschzeug und Kosmetika habe ich am liebsten im Handgepäck, allerdings gibt es in vielen Ländern Beschränkungen hinsichtlich der Menge an Flüssigkeiten, die man mitnehmen darf. Erkundigen Sie sich im Zweifelsfall

vorher, denn es ist mehr als ärgerlich, wenn bei der Sicherheitskontrolle das teure Lieblingsparfüm beschlagnahmt wird. Bei Kurzreisen sind oft auch Pröbchen Ihrer Pflegeserie hilfreich. Was Ihnen fehlt, können Sie problemlos am Zielflughafen oder am Urlaubsort nachkaufen.

AUSPACKEN

Nach der Ankunft wollen wir alles Mögliche tun – nur nicht den Koffer auspacken. Da zahlt sich die Voraussicht beim Packen aus. Schnappen Sie sich den Bikini von ganz oben und verschieben Sie das Auspacken.

Warten Sie dann aber nicht tagelang mit dem Auspacken, damit sich Falten aus der Kleidung bald wieder glatt ziehen können. Stücke, die völlig zerknittert aussehen, hängen Sie am besten im Bad auf, weil sie im warmen Dampf leichter glatt werden.

Register

Adressen

Die Autorin und der Verlag
danken den folgenden
Designern, Geschäften und
Firmen für die Unterstützung
bei den Aufnahmen für
dieses Buch:

Lucy in Disguise
10–13 King Street
London WC2E 8HN
+44 20 72 40 6590
www.lucyindisguiselondon.com
*Seite 2, 85 rechts, 96 oben
links, 105, 107, 112, 113,
114, 117*

Donna Ida
106 Draycott Avenue
London SW3 3AE
+44 20 7225 3816
www.donnaida.com
chelsea@donnaida.com
Seite 106, 109, 111

9 London
www.9london.co.uk
*Kleid von 9 London
auf Seite 16 oben links*

Philip Treacy London
69 Elizabeth Street
London SW1W 9PJ
+44 20 7730 3992
studio@philiptreacy.co.uk
www.philiptreacy.com
*Hut von Philip Treacy auf
Seite 86*

Agent Provocateur
www.agentprovocateur.com

La Senza Lingerie
www..lasenza.co.uk

Jimmy Choo
www.jimmychoo.com

Net-a-Porter
www.net-a-porter.com

Topshop
www.topshop.com

Anthology Boutique
511 Old York Road
London SW18 1TF
07947 467685
anthology@live.co.uk

Make-up by **Amanda
Harrington** @ InParlour
www.inparlour.co.uk
020 7736 7713
info@inparlour.co.uk

Frisuren von **Darren Hau**
07979 081522
darrenhau@hotmail.com
Hair-Stylist für Fotografie,
Film, Fernsehen und Events

**Kynance Dry Cleaning
& Laundry**
2–3 Kynance Place
London SW7 4QS
020 7584 7846

Porträt auf Seite 12 von
David Daughton

Der Herausgeber bedankt
sich für die freundliche
Genehmigung zum Foto-
grafieren von Privat-
wohnungen und Kleider-
schränken, unter anderem
bei Emily Evans und Grainne
Stevenson. Vielen Dank
auch an unsere Models Alex,
Anna, Clare, Darren, Emily,
Karim und Maddie.

Dank

Es gibt so viele Menschen, denen ich für Ihre Unterstützung bei der Entstehung dieses Buches danken möchte, aber ganz oben auf der Liste steht meine geliebte Tochter Maisie. Zu beobachten, wie sie seit ihrer Geburt ihre ganz eigenen Hürden mit Erfolg genommen hat, gab mir immer wieder die Kraft, mich durchzubeißen, wenn die Dinge nicht nach Plan liefen. Ich bin so stolz auf sie. Danke, mein Engel.

Danken möchte ich auch meiner Mum, die mein größtes Vorbild ist. Von ihrem Durchhaltevermögen, ihrer Liebe und Entschlossenheit kann man viel lernen. Sie ist die „Practical Queen", und ihr habe ich auch für die Mitarbeit an diesem Buch zu danken. Meinem Dad, Poppie, danke ich dafür, dass er immer an mich geglaubt hat und mir die Sicherheit vermittelt hat, dass ich alles schaffen kann.

Was wäre ich ohne meine unglaublich fähige Assistentin Anna Hitchins. Unermüdlich hat sie mit mir an diesem Buch gearbeitet – mal lachend, mal weinend. Vielen Dank, Anna, du bist ein Schatz.

Außerdem danke ich meiner Cousine Debbie und meinen fantastischen Freundinnen, vor allem Hannah Coleman, Gilly Smith, Emily Evans, Maddie Farley, Waggi und Simon, denen ich immer wieder Passagen aus dem Manuskript vorlesen durfte und die mir in so vielfältiger Weise geholfen haben. Die Liste ist noch viel länger, darum möchte ich hier auch Grainne Stevenson, Claire Arden, Angie Robinson, Olivia White und Victoria Stephenson erwähnen.

Ein besonderer Dank geht an Tamara Mellon, die mir viel zugetraut hat – und mich darum mit Practical Princess ein großes Stück voran gebracht hat.

Ein großer Dank an das Team bei RPS, vor allem an Alison Starling, die mich angesprochen und mir die Chance zum Schreiben dieses Buches gegeben hat. An Annabel Morgan für ihren feinfühligen Umgang mit meinem manchmal unbeholfenen Schreibstil, an Leslie Harrington für viel Mitspracherecht bei der visuellen Gestaltung sowie an Polly Wreford und ihre Mitarbeiterin Sarah für die wunderbaren Fotos.